AN EASY GUIDE
TO CREATING
ENGAGEMENT MARKETING
STRATEGY

戦略から始める
エンゲージメント
マーケティング

小川 共和 *TOMOKAZU OGAWA*

CROSSMEDIA PUBLISHING

はじめに

　デジタルマーケティングに携わっていると、「施策から始める」ことや「ツールから始める」ことが多くありませんか？　もちろん間違いではありませんが、全体像が見えなくて、「部分最適思考」に陥っているかもしれないと感じたことはないでしょうか？

・最終ゴールまで見据えて大きなシナリオを書く
・一度大きな方針を固めたら、一度や二度良くない結果が出ても右往左
　往せず、施策は変えても方針は変えない

　マーケティングにはこんなスタンスも必要だと思います。
　そうした意味で、次は**マーケティングを「戦略から始める」**のはどうでしょうか？

　施策やツールから始めるとは、たとえば「SEOしよう」「コンテンツマーケティングしよう」「運用型広告（ウェブ広告）しよう」「動画マーケティングしよう」「メールマーケティングしよう」「コミュニティーマーケティングしよう」、時には「マーケティングオートメーションやってみよう」「データベースマーケティングやってみよう」などなどです。
　それはそれで結構なのですが、それぞれの領域の専門家と一緒に仕事をしていて気づいたことがあります。
　いずれも皆、マーケティングをしているわけですが、マーケティング「戦略」の領域になかなか踏み込んでこないのです。
　デジタルマーケティングでは、おのおの定められた方法論によって、わかりやすいアウトプットが導き出されます。伝統的マスマーケティン

グと比較すると構造がシンプルで明快であり、数字とロジックにより明確な結論に至ります。その一方で「本当にこの議論だけでいいんだっけ？」と時々不安に陥ります。もう少し大きな観点から考えてみると、たとえば次のような要素も検討すべきかもしれません。

①この商品ってそもそもどんなニーズ（期待）を抱くどんな人に買ってもらえそうなのか？ さらに買って満足してもらえ、継続購入してもらえ、ファンになってもらえる相手ってどんな人なのか？
　　⇒ターゲット戦略
②どんな競争相手と客の取り合いをして、どう勝っていくのか？
　　⇒競争戦略
③さまざまな施策を継続して実行するも、最終的に我々の商品（企業）は客にどんな商品（企業）として認識されることを目指すのか？
　　⇒ブランド戦略

　こうした議論をしないまま、施策を立案・実行して本当によいのでしょうか？

「競争戦略」の重要性

　この本で扱っているマーケティングは、エンゲージメントマーケティングです。
「潜在顧客⇒見込顧客⇒買う気満々の見込顧客⇒顧客⇒継続顧客⇒ロイヤル顧客・アンバサダー」と長期間にわたって客との関係を続けるマーケティングを意味します。それも顧客データベースに格納された、名前のある実名顧客（最初は匿名顧客ですが）との長期的な関係継続が前提となるマーケティングです。
「自身の担当施策・担当行程のKPI以外は眼中になし」だと全体が見え

なくなり、結果として自身がやっている施策の本来のミッションも見えなくなります。「どんな客と出会い、どう関係を深め、最終的にどんな客になって欲しいのか」を長期的視野で見通すことが不可欠なのです。

このためには、長期的でブレない視野とシナリオ、すなわちマーケティング戦略が必要です。

前述の3つのマーケティング戦略は、伝統的マスマーケティングでも、デジタルを前提としたエンゲージメントマーケティングでも、いずれの場合でも考えたほうがよい戦略ですが、本書で力点を置いて述べるのが「競争戦略」です。なぜなら、デジタルマーケティングは、この競争戦略が不十分だと感じることが多いためです。

本書の読者であれば、グーグルアナリティクス（Google Analytics＝GA）等のウェブ解析ツール、マーケティングオートメーションツール、CRMツール等のデータを日々ご覧になる方も多いと思いますが、その数字はあくまで「顧客と自社の関係」のみが表示されます。競争相手の存在や動向は表示されません。結果として、マーケティングを顧客と自社の関係だけで捉えるという過ちを犯しがちです。マーケティングで一番大事なことは、顧客目線で考えることだと私は思っていますが、多くの人は「顧客から見れば、自社はたくさんの選択肢の中のひとつに過ぎない」という当たり前のことを忘れてしまうのです。

マーケティングは自社だけがやっているわけではありません。競争相手も必死でマーケティングしているのです。成果は競争相手との戦いに勝てるか否かで当然のように全く変わってきます。だからこそ、ぜひ一度、競争戦略を考えてみていただければと思います。

また、この本で一番多くのページを割いたのが**行程戦略**です。これは

エンゲージメントマーケティング固有のマーケティング戦略と言えるでしょう。

「潜在顧客⇒見込顧客⇒買う気満々の見込顧客⇒顧客⇒継続顧客⇒ロイヤル顧客・アンバサダー」と長期間にわたって客との関係を続けるマーケティングのため、それぞれの行程により課題も施策も違ってきます。この点については、「リードジェネレーション」「リードナーチャリング」「クロージング」「CRM」の4つの行程で解説します。本論の中で紹介していますが、必要に応じてさらなる「行程細分化」も行います。

　ブランド戦略については、本書では語りませんが、それぞれの行程で「どんな心理（パーセプション）を獲得していくのが良いか、それをどうやって決めるのか」については紹介してあります。

　これは、客の「行動の変化」は客の「心理の変化」の結果なので、源泉となっている「心理の変化」に踏み込まないと、施策立案が表層的にならざるを得ないためです。

　特にコンテンツ企画は、心理（パーセプション）で課題を規定しないと企画に斬新さも深みも生まれにくくなり、結果として、コンテンツがどうしても定型的・定石的なものに陥りがちです。それは客から見ると「ああ、よくあるやつね」「同じようなコンテンツをたくさん見るし、あえて見るまでもないか」となり、スルーされる可能性が高いのです。

　客が目にするのは、戦略でもデータでもシステムでもなく「コンテンツ」です。つまり、最後はコンテンツ勝負なのがマーケティングです。客の気持ちに刺さり、客を動かすコンテンツの企画を成功させるためには、行動だけでなくパーセプションで課題を定めることが必須なのです。

　さらに言えば、何らかのパーセプションを客に抱かせるためには、1回や2回、ウェブサイトやメールを見せるだけでは不十分です。「このパーセプションを抱いてもらうのだ」という骨太な指針の元でさまざ

なコンテンツ表現を試み、客に何度も継続的に刷り込んでいく必要があります。言わばブランディングの手法です。

　エンゲージメントマーケティングは、単発のキャンペーンではなく長期戦なので、さまざまなコンテンツ、さまざまな施策の結果、「最終的に自社・自社商品に対してどんなパーセプションを抱いてもらうのが得策なのか」を考えるのは、とても重要なことなのです。

最小限の決め事をして次へ進む

　さて、本書はマーケティング戦略の立案方法がテーマですが、誤解を避けるために一言お伝えしておきたいことがあります。

　私は「マーケティング戦略を固めるまで施策立案・実行に手を出すべきではない」と言うつもりは決してありません。頭を重くし過ぎると、スタートから行き場のない深みにはまり、先に進めなくなるからです。特にデジタルマーケティングは「スモールスタートして走りながら考える」のが良い進め方であることに私自身も全く異論はありません。

　私はマーケティング戦略に関して「最小限の決め事」をして施策立案に進むのが良いと考えています。「最小限の決め事」は、「仮の決め事」でも構いません。実行してみて違っていたら変更すればよいだけです。多額の投資をして商品開発・商品製造をしたり、10億円かけてテレビ広告を使ったキャンペーンを行ったりするわけではないのですから。

　本書では、この「最小限の決め事」を「戦略シート」という形にまとめています。多少は完成度が低くても、この「戦略シート」を作成することで、マーケティング戦略を考えたと見なします。決して概念的なシー

トではなく、実際にセミナーやワークショップで私自身が何度も使っているものです。「マーケティングの知識も経験もありません」という人たちも、ほとんど作成できています。作成事例も数多く紹介していますので、肌感覚的にもご理解いただけると思います。

　私がエンゲージメントマーケティングにこだわっているのには、別の理由もあります。それは「対面営業」に依存しない新しい売り方がこれによって実現できるためです。

　近年ネット、特にスマホの浸透によって、人は欲しい情報をその場ですぐ手に入れられるようになりました。実際に使った人のコメントも簡単に入手できます。結果として、営業マンと出会う前に選択プロセスの大半を終了しているという事態が起こっています。「対面営業」のミッションは最後のクロージングに限定され、自社商品と出合い、客の頭の中で自社商品を「欲しい商品ナンバーワン候補」にまで育てていくのは、「対面営業」ではない他の施策となります。それがデジタルを使ったエンゲージメントマーケティングと「対面しない営業」です。

　この対面しない営業とは、すなわち「インサイドセールス」です。電話やメール、テレワークで対面営業に進むべきか否かを判断し、見込顧客をリードナーチャリング施策と協力して前捌きします。このインサイドセールスの存在が、デジタルマーケティングの存在と歩調を合わせて拡大しています。

　この流れをコロナが一気に加速しました。
「客とは直接会わなくても仕事はできるのだ」という意識が、リモートワーク体験により芽生えたのです。新規開拓顧客の場合はまだハードルは高いと思いますが、それを補うのがデジタルを使ったエンゲージメントマーケティングです。直接客と対話する以前に十分な関係を築いてお

くのがリードジェネレーションであり、リードナーチャリングです。そして機が熟した見込顧客と、まずはメールや電話で直接対話を始めるのがインサイドセールスであり、その後にテレビ会議等で初対面。「対面営業」の出番はその後です。

「対面営業」は、契約確度の高い見込顧客とだけ商談を進めれば良いのですから、無理・ムダがなく、効率良く成果を上げられます。「足で勝負」するのではなく、密度の高い提案、クリエイティビティーある企画にエネルギーを投入すればよいのです。ホワイトカラーの生産性向上が経営課題の日本企業にあって、これほどふさわしい解決策はないのではないでしょうか。

まさにデジタルによってもたらされ、コロナによって加速された「対面営業に依存しない」新しい売り方、それが、デジタルを駆使したエンゲージメントマーケティングなのです。

「施策から始める」のではなく、「ツールから始める」のでもない、「戦略から始める」エンゲージメントマーケティングを、ぜひ一度やってみませんか？「戦略から始める」ことにより施策に中長期的な方向性が示され、施策立案に深みとクリエイティビティーを増すことができるはずです。

本書は、マーケティング経験のない人にでも理解・実践できるように書いたつもりです。ご参考になれば幸いです。

第 **2** 章

時代が変わっても
不変の競争戦略

第 **3** 章

エンゲージメント マーケティング
ならではの競争戦略

第 **4** 章

行程戦略全体と
リードジェネレーション

第 **5** 章
リードナーチャリング＆
クロージング

第 **6** 章
CRM

第 **7** 章

ワークショップによる
戦略シート作成

第 **1** 章

ターゲット
戦略

01 そもそも マーケティングターゲットとは

　マーケティング戦略立案で、最初に決めるのがターゲット。すなわち、「マーケティングする対象者は誰なのか」です。伝統的マーケティングでももちろんターゲットを規定しますが、本書で扱うデジタルを使ったエンゲージメントマーケティングは、ターゲットのとらえ方が伝統的マーケティングとやや異なる点が2点あります。

　ひとつは、マスマーケティングでは相当大雑把にしかできなかったターゲットのセグメンテーション（細分化）が、デジタルによって本格的に可能になったこと。もうひとつは、ターゲットとの長期間の関係継続を想定し、その間にターゲットの心理や行動は変化し続けるとの前提に立っていることです。

　のちほど、この考え方のフレームとしてのターゲット戦略作成シートを紹介します。

伝統的なマーケティングとは

　どんな人に買ってもらうことを想定してマーケティングを組み立てるかがマーケティングターゲットです。伝統的マーケティングでは、これは「〇〇を求めている〇〇な人」のように規定されます。

　すなわち、ニーズ（〇〇を求めている）とプロフィール（〇〇な人）で構成される形です。ニーズとは願望・欲求なので、「〇〇したい」「〇〇を求めている」「〇〇を欲している」「〇〇を期待している」のように記載されます。

　具体的には、次に示すような規定になります。

・洗浄力はもちろんだが手肌にやさしいことも求める育ち盛りの子供がいる 30 代、40 代の主婦（台所洗剤）

・渋谷区界隈の 5000 万円くらいの中古マンション購入を希望している共働きの若い夫婦（中古マンション）

・高品質な文房具を短い納期で購入したい社員数 1000 人以上の関西拠点の企業の総務部門管理職（法人向け文房具販売）

・社命により工場の省エネ推進の解決策を求めている中規模メーカーの本社生産企画部門管理職（工場用コンプレッサー）

　この規定自体は、デジタルを使ったエンゲージメントマーケティングでも必要ですが、十分ではありません。「デジタルならでは」の、そして「エンゲージメントならでは」のマーケティングターゲット規定があるのです。
　次の項以降で、それを紹介していきます。

02 デジタルがマーケティングに もたらしたロングテール

　ここから第1章の05までは、デジタルならではのターゲットの捉え方について説明します。マスマーケティングではできなかった本当の意味でのターゲットセグメンテーションができます。

セグメンテーションを生む2つの制約

　デジタルが生まれる前から市場、またはターゲットを「全体」ではなく「特定の市場・ターゲット」に限定する考えはありました。セグメンテーション（細分化）です。前述の例のように、対象者を属性・心理・行動・地域等によって特定化するものです。「オールターゲット」「ターゲットを限定せず誰でも皆がターゲット」という考えが通用しなくなり、特定の人たちだけを狙うという考え方です。背景には、人々の価値観・趣味嗜好・ニーズの多様化があり、十把一絡げに商品を売ろうとしても、相手からは自分向けの商品だと思ってもらえず、結局誰にも買ってもらえないという事象が起こるようになったためです。

　マーケティングは「（来る者拒まず）皆さん誰でもに買っていただきたい」ではなく、「○○を求めている○○なあなたにぴったりの商品です！」でなければならなくなったのです。

　しかし、このセグメンテーションには限界がありました。「①メディアの制約」と「②売り場の制約」により、客の平均的大多数が求めている商品・サービスしか売れない、すなわち、かなり大雑把な細分化しか実行できない事態を生んでいたのです。

①メディアの制約

「メディアの制約」とは、テレビ等のマスメディアが主力のマーケティングでは、性別・年代・趣味嗜好で多少のターゲティングはするものの、「高い視聴率を取らなければならない」「大部数を販売しなければならない」が大原則であることを示します。この制約のために、どうしても対象者のボリュームゾーンを狙うしかないのです。

それに対してウェブメディアは、かなり精緻なターゲティングが可能です。ディスプレイネットワーク広告のターゲティングもありますが、何より検索という全く違った発想のターゲティングが可能になりました。自分が欲しい情報を欲しい時にスマホで検索すれば、ボリュームゾーンから外れた相当マイナーな情報でもすぐ入手可能になりました。

「私が『今』欲しい情報を、欲しいだけ、いつでも、どこでも得たい」がメディアの都合で大幅に制約されていた状態から、完全に解放されたのです。これはマーケティングにとって画期的なことです。
「○○を求めている○○なあなたにぴったりの商品です！」が特別な少数の人に対しても、精緻に実行できるようになったのですから。

②「売り場の制約」

従来のマーケティングのターゲット規定を一番制約していたのは、実は限られた売り場スペースです。スーパーやコンビニ等での売り場の棚を想像してみてください。とても狭い場所に、多くの商品が所狭しと並んでいますよね。この限られたスペースの中に自社商品を置いてもらえなければ、そもそも売れるという事態は発生しようがないわけです。
そのため商品を作ってから「さあ、どの売り場に置いてもらおうか」では遅く、最初の商品開発段階から「どの売り場に置いてもらう商品を

開発するか」から考えます。

　当然、スペースが限られている中で、多くの企業がここに自社商品を置こうとするのですから、熾烈な場所の奪い合いになります。店側としては、限られたスペースで多くの売上を上げたいので、そこで実際に置いてもらえる商品になるには、大前提として「たくさん売れる」ことが必要になります。

　すなわち、多くの人に買ってもらえる大量販売可能な商品しか開発・販売できないのです。結果として、これまではターゲットのセグメンテーションも大雑把なものとせざるを得ず、あくまで「ボリュームゾーンを取る」という選択肢しかなかったのです。

　それをネット販売が変えました。
　今日、「何でもネットですぐ買える」という状況になり、「限られた売り場スペース」という概念が消滅しました。小さな売上規模しか期待できないマイナーな商品でも売れるチャンスが生まれてきたのです。ロングテール※です。これもまたマーケティングにとって画期的なことです。

　※　ロングテール：恐竜の尻尾のように細く長く続くの意。ネット販売等のデータで縦軸を売上とし、横軸に売上の高い順に商品を並べた時、売上のわずかな商品が延々と続くのでこう呼ぶ。店頭売りの場合、売上のわずかな商品は棚に置いてもらえないので売るチャンスがなく、ロングテールにはならない。

　では一体、この「メディアの制約」「売り場の制約」から解放され、マイナーなニーズ、マイナーな客層に対しても適確なターゲティングが可能になった今日、どのようなターゲット規定が良いでしょうか？

03 検索ワードによる ターゲット規定

　マイナーなニーズのマイナーなターゲットにも売れることが可能になっても、買ってくれる客に存在と魅力が伝わらなければ売れません。ウェブサイトを作っても誰も気づきません。広告しても視聴者の圧倒的大多数は買ってくれる可能性のない人で、そうした対象にばかり広告することになり、膨大なムダ金を使うことになります。

　この難題を解決するのが検索です。今はグーグルの検索エンジンがとても賢くなっていますから、検索者の意図を正しく理解し、検索者の意図に沿ったサイトやコンテンツを教えてくれます。

　グーグルアナリティクスで、自社ウェブサイトの訪問者はどこから流入してきたか見てみると、グーグルとやYahoo!の検索（自然検索＋広告）で7、8割を占めるのは珍しくないでしょう。Yahoo!もグーグルの検索エンジンを使っているので、まさにグーグルの検索エンジンこそが現代の「出会いの神様」だと言えます。

　ターゲット規定も、この検索行動を使います。「どんな検索ワードを入力する人をターゲットとするのか」と規定するのです。

・「高級車　4ドアセダン　輸入車　新車購入」
・「レストラン　誕生日祝い　予約　フレンチ　女子2人　新宿」
・「工場の省エネ　解決方法　低コスト」
・「コンテンツマーケティング　B to B　大阪在住」

　この検索ワードを見れば、検索者が「何を求めているどんな人」なの

か想像がつきます。すなわち、自社のターゲットは「検索ワード○○・××・□□・△△……を入力する人」と規定できます。

しかしターゲット規定は、マーケティングの最重要な要素ですから、適当に決めるわけにはいきません。しっかりした判断材料に基づいて規定します。

具体的には、2つの判断材料で規定します。「月間検索件数」と「検索表示順位」です。

前者はグーグルのキーワードプランナー※で提示される数字であり、後者は検索結果として表示される順位自体です。

※ キーワードプランナー：グーグル広告に付随するキーワード調査・選定を支援する無料運用ツール。これを使うとあるキーワードが月に何回検索されているかわかる。

理想的には「月間検索件数」が多いビッグワードで、トップかそれに近い順位で表示されることですが、それは一握りの強者だけが享受できるポジションです。圧倒的大多数の企業・商品にとっては高嶺の花でしょう。仮に自社がこのポジションで成功しているなら、「ディフェンディングチャンピオン」として下位企業・商品の挑戦をはねつけてポジション維持を図ることが目標となります。

逆に月間検索数が少なく、検索表示順位も低いものは、チャンスがないでしょう。箸にも棒にもかからず、ターゲットとしては不適と言えます。

問題は「月間検索数多い＆検索順位低い」と「月間検索数少ない＆検索順位高い」の場合です〈図表1-1〉。

図表1-1　月間検索数と検索順位①

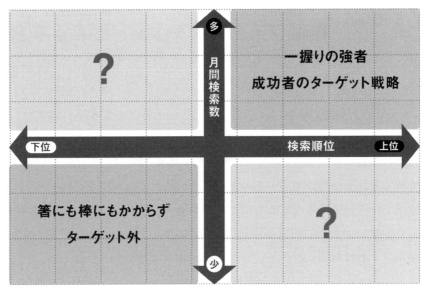

04 「月間検索数多い＆順位低い」検索ワードをターゲットとする場合

「多くの人がこの検索ワードで検索している＝ニーズが十分顕在化している」なので、ここをターゲットにすることはリスクが低いと言えます。しかし、同時にたいていの場合は、「多くの人がこの検索ワードで検索している＝強いライバルがたくさんいる」でもありますから、大勢のライバルの中で埋没するリスクはあります。

このターゲットに対する課題は「検索順位を上げること」ですから、検索ワードに対応したコンテンツを強化することです。

自社より上位にいるライバルの強み・弱みを研究し、上手くいっていて良いところは真似し、必ずしも検索者を満足させていないところ、または弱みに見えるところは「私たちは違います」「私たちならできます」というコンテンツを強く打ち出します。マーケティング戦略で言うところの「追随」と「差別化」です。

挑戦者としてライバルを出し抜ける強みやリソースがあると判断できれば、この検索ワードの検索者をターゲットと規定し、5ページ目掲出⇒3ページ目掲出⇒2ページ目掲出⇒1ページ目掲出⇒順位3位掲出⇒順位1位掲出、というように自社のポジションを高めていきます。

「検索順位が高い＝クリック率が高い」はすでに検証されている事実ですから、これによって、このターゲットの多くの人と出会うことができるようになります。

リスティング広告でビッグワードを買って、高い入札価格を覚悟で上

位掲出を目指すのもひとつの方法でしょう。

　SEOや運用型広告の一般セオリーから言えば、「月間検索数低い＆検索順位高い」よりも、「月間検索数高い＆検索順位低い」をターゲットとするのが妥当となるでしょう。何と言っても、キーワードプランナーによる月間検索数の多い検索ワード、もしくはサーチコンソール※での流入数の多い検索ワードに対応するのが、間違いのない戦略、リスクの少ない戦略なのですから。

※　サーチコンソール：グーグルの検索結果上に、自分のウェブサイトがどんなキーワードで何回表示されたか、検索順位は何位か、何回クリックされたかなどを調査できるSEOのためのツール。グーグルアナリティクスで自然検索での検索ワードを調べようとしても、グーグルの検索エンジンを使った検索ワードは全てnot providedとなり表示されない。Yahooもグーグルの検索エンジンを使っているため実質的には自然検索での検索ワードは調べられない。それを解決するのがサーチコンソール。

　この考え方は正しいのですが、ひとつの正しさに過ぎないと私は思っています。
　また「ターゲットなんて小難しく考えないで、実際にリスティング広告してコンバージョンが稼げて、CPAが抑えられるキーワードを選べばいいじゃないか」という話はよく耳にします。
　これも正しくはあるのですが、やはりひとつの正しさに過ぎないと思っています。
　別の戦略もあるのです
　次の項では「月間検索数少ない＆検索順位高い」の場合を考えてみましょう。

05 「月間検索数少ない＆順位高い」をターゲットとする場合

　SEOで特定キーワードを指定し、検索順位トップ、最低でも1ページ目掲出を目指すということをやりますが、検索順位ではトップなのに、サーチコンソールで流入検索ワードを調べてみるとゼロだったことはありませんか？　理由はもちろん、その目標としていた検索ワードを検索する人自体が極端に少なかったためです。

　ある意味、検索順位トップを目指すだけなら割と簡単です。きちんとコンテンツさえ準備できていれば、「そんな検索ワード入れる人なんかほとんどいないだろうな」と思われる検索ワードで順位トップを目指せばよいからです。

　当然キーワードプランナーの月間検索数が大事になります。ある程度以上の検索数（できれば3桁、ニッチ戦略〔⇒次章参照〕なら2桁でも可）がないと順位トップでも集客効果は見込めません。

　ただ私は「月間検索数少ない＆検索順位高い」検索ワードの検索者もマーケティングターゲットとして十分に成立すると考えています。

「0⇒1」のマーケティングと、「1⇒10」のマーケティング

　マーケティングを乱暴に2つに分けると「0⇒1」のマーケティングと、「1⇒10」のマーケティングがあります。

　後者はすでに顕在化したニーズに対して最適化・改善改良のPDCAを繰り返すことで徐々に成果を出していくマーケティングです。

　それに対して前者は、まだ存在していないものを生み出すマーケティングです。客のニーズも未開花で、顕在化以前なので情報流通もほとんどありません。月間検索数も極端に少ないでしょう。

　しかし敢えてここに挑戦するのです。失敗するリスクは「月間検索数高い＆検索順位低い」より高いのですが、成功した時に得られる成果はかなり大きいからです。

　市場の元祖、新リーダーのポジションを得ることになるため、追随してきた競争相手に対して大きなアドバンテージとなり、最も優位な立ち位置で顧客獲得ができるだけでなく、当該ジャンルで大きなレピュテーションも獲得できるため、有利な人材獲得、有利なビジネスパートナー獲得も可能となります。

ニーズの顕在化で解決する

　では、具体的にどうすればよいのでしょうか。

　このターゲット戦略を取った場合、課題は「ニーズ顕在化」に尽きます。「確かにユニークだし、今どこにもないけど、そんなもの一体誰が求めるの？」という認識を「今まで気づかなかったけれど、言われてみればそれって確かにありかも」へ変え、さらに「私が一番求めていたものは、実はこれだったんだと今気づいた！」へと変えることです。

　市場環境・社会環境・時代環境の追い風に上手く乗ることはもちろん重要ですが、何より自身の確固たる意志と情熱で、降りかかる難題、紆余曲折を乗り越え、信じるゴールに突き進み続けることが大事です。

　これは、ABテストでいくつかの仮説の中で一番反応の良いものを選ぶことではありません。「そんなのどれも100点満点中で40点と45点と50点で、『50点が一番点数が高いから』といって選んでいるだけ。私は70点、80点、90点のものがあると信じて突き進む」という姿勢が大事

です。

　「ニーズは探すもの、対応するものでなく、自ら作るもの」という気概が大事なのです。無謀でしょうか？

　私は以前に新商品開発の受容性調査をかなりやったことがあります。新商品の特徴・魅力を1枚のシートに書いて、それを対象者にアンケートして「買いたいか否か」を問うものです。

　その経験から言えることは、「買いたいと答えた人が一番多いシートを選ぶ⇒一番売れる」ではないということ。「今までにない先駆的商品は、アンケートでは低いスコアとなることが多い」のです。

　客は「欲しいか欲しくないか」と問われると、いつも意識をしていて価値をすぐ簡単に理解できるものを欲しいと答える習性があり、まだ意識が薄く価値をすぐ簡単に理解できないものには否定的反応をするのです。すなわち、ニーズの顕在化が不十分な商品に「これどうですか？　買いたいですか？」と問うても、否定的反応をされるのは自然なので、この結果で諦めてはいけません。

　実際、新しい商品カテゴリーを生んだ先駆的商品・元祖商品と呼ばれるものは、たいてい事前のアンケートでは否定的結果となっています。事前アンケートで評価が高いものを開発・販売するのが方針のマーケターは、的外れな商品で大失敗することはありませんが、実際に世の中に出してみると「確かに買ってもいいけど、似たような商品はたくさんあるから別にその商品でなくても買うよ」となることが多いと言えます。似たようなライバルの中で埋没し、消耗戦のような客の奪い合いに至るリスクが多いのです。

「0⇒1」のマーケティングで成功する秘訣は何か

「0⇒1」のマーケティングで成功した人に成功の秘訣を聞くと、多くは

判で押したように「何が起きてもやり通す強い意志、それと多少の運」と言います。

　マーケティングの基本的戦略・戦術を理解した上で、環境要因を注視し、自らの本当の強みをよく認識して戦略を立てること、そして一度戦略を立てたら、異論を唱える人が出ようが、想定外の課題に直面しようが、強い意志を持ってそれを乗り越え、突き進む……当たり前のことですが、これに尽きるのではないでしょうか。

　「1⇒10」マーケティングと大きく違うのは、実行タイミングの見極めです。どんなニーズが将来顕在化しそうかは、ある程度、感度高く情報収集していればわかります。問題はそれがいつ頃顕在化するかなのです。実行が早すぎるとまだ顕在化せず失敗します。逆に様子見を続けていると他社が先駆けて実行し、あっという間に2番手、3番手、4番手となりこれまた商機を逸します。「上手いタイミングでマーケティングを開始したため思わぬ大成功だった！」もあれば「あと2年後に開始すれば大成功だったはずだ。2年早かったため失敗した」もあります。こればかりは正直わかりません。運としか言いようがないのです。

検索数が少なくても諦めない

　またデジタルマーケティングの世界でよく目にする「○○で困った時には、××のような手順で□□すれば解決する」という解決方法がありますが、そのような定型化された解決方法では難しいでしょう。

　この本も、基本的なマーケティング戦略立案のセオリーを習得し、実践するための手引きとなることを目指しています。辛抱強くマーケティング戦略立案を理解しましょう。

デジタルマーケティングの世界でコンテンツマーケティングという言葉を知らない人はいないでしょう。しかし当初はの言葉を検索する人はいませんでした。コンテンツマーケティング支援を行うイノーバの宗像淳 社長に聞くと「月間検索数は3桁、下のほうの数百件」だったとのことですが、10年で最高で1万件を超える検索数になりました。自然になったのではなく、宗像社長などイノーバの方々がコンテンツマーケティングの価値を信じ辛抱強く啓蒙し続けたことが大きく寄与していると思います。

「検索数1桁か2桁＆掲載順位トップ⇒検索数3桁＆掲載順位トップ⇒検索数数千件か数万件＆検索順位トップを狙う」というもうひとつの戦略もあるのです。

図表1-2　月間検索数と検索順位②

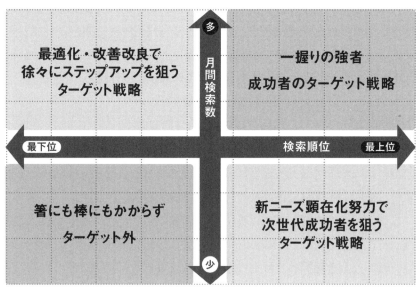

06 エンゲージメントならではの ターゲットの捉え方

「デジタルならではの」ターゲットの捉え方は以上で、次に「エンゲージメントならではの」ターゲットの捉え方を考えましょう。

　最初にエンゲージメントマーケティングについて簡単に述べます。

　エンゲージメントマーケティングという概念が脚光を浴び出したのは日本では2009年頃（アメリカではその5年前くらい）ではないでしょうか。まだまだ開花間もない「新米」のマーケティングです。

「顧客（見込顧客）を一人ひとりの個人として識別・理解し、長期的関係を築くことにより上顧客、自社に長く高い収益をもたらすロイヤル顧客へと育成するマーケティング」のように定義されます。

　これは、概念としてはそれ以前から存在していました。日本の「ウチと長い付き合いのある御用聞き」の商売の仕方もある意味でエンゲージメントマーケティングです。

　近年になって注目され、また実行されるようになったのは、顧客データベースやマーケティングオートメーションといったITツールの登場が引き金となりました。「顧客（見込顧客）を一人ひとりの個人として識別・理解し、長期的関係を築く」ということは、数十人程度の顧客であれば何とか人間マーケターでも実行可能かもしれませんが、1万人、あるいは10万人、100万人ともなると、人間では実行不可能です。それがこれらのITツール、特にクラウドサービスにより、システムの専門家でない普通のマーケターでも使える、そして利用料も比較的安価で実行可能な手法となったのです。

身近なエンゲージメントマーケティング

　言葉としては聞き慣れなくても、皆さんは実はエンゲージメントマーケティングを受けているのです。

・アマゾンや楽天で買い物しポイントが貯まる。「あなたにおすすめ」と推奨されることも多い
・財布の中はカードでいっぱい。「ゴールド会員になるとこんな特典が！」
・ケータイは長く使うと割安に。いろいろ使うと結構な月額利用料に
・航空会社のマイレージクラブ、ポイント貯まるしいろいろ便利
・コーヒー機器は格安で買えるが、専用カプセルの定期購入で毎月安くない支出
・保険料は毎月払っているが、時々「こんなサービスを付加しませんか」と電話してくる
・会社の定年が近づくと、どこで聞きつけたか退職金の資産運用の案内が多くなる
・ID とパスワードを付与されるコミュニティーサイトで仲間同士で語り合うのが楽しい
・車を買った後も、車検だメンテだといつまでも販売店に頼ってしまう

　これらは全て企業が皆さんにエンゲージメントしている行為です。
　そして近年これまた脚光を浴びているサブスクリプション・サービス。IDとパスワードを付与され、毎月利用料を払ってサービスを受け続けているサービスも全てエンゲージメントマーケティングを行っています。

　エンゲージメントマーケティングのターゲットの説明に入る前に、従来のマーケティングについてごく簡単に説明しておきましょう。
　スーパーやコンビニやドラッグストアで、棚の商品のパッケージを見

て、深く考えずに「取りあえず1回使ってみるか」と買い物かごに入れる、
店頭で特売をしている商品を今安いからといって買うのは、エンゲージ
メントマーケティングではありません。目の前の商品を過去の記憶や検
討をあまり考慮せずに買う行為は、言わば「単品売り」マーケティング、
短期キャンペーンマーケティングの結果です。

　ブランドマーケティングは、顧客の記憶に良い思い出を継続的に醸成
し、他社の攻勢や目先の安売りにあまり左右されず忠実に買い続けてく
れることを目指すという意味では、エンゲージメントマーケティングと
言えなくもありません。実際、エンゲージメントマーケティングは随所
にブランディングのための施策が入ります。

　ただし、伝統的ブランドマーケティングの対象は基本的には匿名の顧
客です。顧客を実名の個人としては把握していないことが多いのです。
今日、エンゲージメントマーケティングと呼ばれるものは、顧客（見込
顧客）を一人ひとりID化し、データベースに実名ID（時にクッキーによ
る匿名ID）として格納し、一人ひとりを識別して打ち手を実行すること
を想定しています。従って伝統的ブランドマーケティングもエンゲージ
メントマーケティングではありません。

　**エンゲージメントマーケティングのターゲット戦略の相手は、基本的
には顧客データベースに格納された実名個人（時に匿名クッキー）なの**
です。

　これが伝統的マーケティングのターゲット戦略と決定的に異なる点で
す。

　そして、エンゲージメントマーケティングと伝統的マーケティングに
おけるターゲット戦略には、もうひとつの決定的な違いがあります。

07 静的ターゲット規定と 動的ターゲット規定

　エンゲージメントマーケティングは、顧客（見込顧客）との長い関係構築を目指します。数カ月から数年、場合によっては数十年のお付き合いになります。

　ということは、相手となる顧客（見込顧客）は時と共に変化するのです。

　「客は変化し続ける」を前提にターゲット戦略を考案する。これがエンゲージメントマーケティングならではのターゲット戦略の特徴です。そして、このターゲット戦略は変化に合わせて打ち手も変えることを前提としています。

　例を挙げてみましょう。

とあるB to B企業P社の例

　「社命により工場の省エネ推進の解決策を求めている中規模メーカーの本社生産企画部門管理職」をターゲットとして、某商材（コンプレッサー）の初回契約獲得を目指すマーケティングです。

　ターゲットの心理と行動の推移は、以下のようなものでしょう。

①経営に指示され工場の省エネにどんな解決策があるのか検討開始
②さまざまな解決策の中で、自社にとってはコンプレッサーによる解決が妥当と判断し、企業・商品の選定を開始
③たくさんのコンプレッサーの中でも、自社にはP社のX、Q社のY、

　　R社のZが妥当と判断と判断し、詳細に比較検討
④本命P社のX、次にQ社のYと判断し、両者と連絡を取り商談開始
⑤自身はP社のXを選定し、経営決裁の準備開始
⑥P社のXで経営決裁が下り、正式発注へ

　ここまで1年間かかったとしてみても、①〜⑤それぞれの時点で欲しい情報、言い換えれば打ち手は変化するはずです。この対象者にマーケティング、もしくは営業を仕掛ける場合、相手が今、①〜⑤のどこにいるかによって打ち手が異なるからです。
　初回契約までの流れは、以下のようになるでしょう。

図表1-3　初回契約までの流れ

1　どんな解決策があるのか検討開始

▶「工場の省エネ　解決策」を検索ワードに
　SEOまたはリスティングを行う

▶ウェブサイトで他のさまざまな解決策と比較した時の
　コンプレッサーによる解決のメリット・デメリットを紹介

▶工場の省エネがテーマの展示会に出展

2 多様な解決策の中で自社にとってはコンプレッサーによる
解決が妥当と判断し、企業・商品の選定を開始

> ▶「コンプレッサーの選び方」を検索ワードに
> SEOまたはリスティングを行う

> ▶「コンプレッサーの選び方」をウェブサイトコンテンツとして
> 掲載するだけでなく、
> 詳細資料（あくまで公正・客観的だが自社の商品選定にも繋がりやすい資料）を作成し、
> ウェブサイトからダウンロードしてもらう
> これによりターゲットの名前やメールアドレスを取得

3 たくさんのコンプレッサーの中でも自社にはP社のX、
Q社のY、R社のZが妥当と判断し、詳細に比較検討

> ▶P社のXの詳細なコンテンツ、それもQ社のY、R社のZに対する
> 違いや優位性を強く意識したコンテンツをメールで伝える

> ▶P社のXの実物を触って体験セミナーや無料体験会を行う

4 本命P社のX、次にQ社のYと判断し、
両者と連絡を取り商談開始

> ▶インサイドセールスによる事前情報収集とアポ取り

> ▶営業による詳細解決策の提案と見積・納期・サポートの提案

5 自身はP社のXを選定し、経営決裁の準備開始

▶営業による決裁資料作成に必要な資料やデータの提供

▶自社経営者から先方経営者への関係作り
懇親会の実施（不要の時も）

6 ▶P社のXで経営決裁が降り、正式発注へ

　施策立案のためにターゲットを規定するには「社命により工場の省エネ推進の解決策を求めている中規模メーカーの本社生産企画部門管理職」という静的規定だけでは不十分で、その人がいくつかの段階の中で、今どのプロセスにいるのかも規定されなければならないのです。

　「〇〇を求めている〇〇な人」に加え「今どのプロセスにあるのか」も規定されなければ、別な言い方をすると動的に規定されなければ施策を打つことはできません。

08 動的ターゲット規定の行動指標

　前述①〜⑤によって打ち手が異なると言っても、相手が今どのプロセスにいるのかどう判断すればよいのでしょうか？　④⑤あたりだったら直接相手に聞くことも可能ですが、①〜③ではそれは不可能です。

　「○○の行動をする」⇒「①から②に移ったと見なす」「□□の行動をする」⇒「②から③に移ったと見なす」のように何らかの顧客（見込顧客）行動で判断するしかありません。私はこれを**遷移指標**と呼んでいますが、たとえば以下のようなものです。

・「自社ウェブサイトの『工場の省エネの解決方法』コンテンツを閲覧している」⇒「①のプロセスにいる」
・「自社ウェブサイトの『コンプレッサーの選び方』コンテンツを閲覧している」⇒「①から②へ移った」
・「自社ウェブサイトの『商品Ｘ詳細』コンテンツを閲覧」「資料をダウンロードした」⇒「②から③へ移った」
・「メールの開封・クリックが多くなった」「商品Ｘの体験セミナーに参加申込してきた」⇒「③から④に移る可能性が大きくなった」⇒「営業アプローチ開始しよう」

　このようにプロセスが次に進んだことを取得可能な行動データで判定するのです。どんな遷移指標をどのプロセスで策定するかは第4章以降の行程戦略で説明します。ターゲット戦略の完成には、このプロセスを

心理と行動で規定することが必要ですが、その前に、エンゲージメント
マーケティングのターゲット戦略で計画全体を左右する大きな2つのポ
イントについてお話しします。

　1つは「ターゲットの変遷プロセスのどこからスタートすれば良いか」
であり、もう1つは「ターゲットの最終到達地点は何と考えればよいか」
です。

　前述のプロセスは①の「経営に指示され工場の省エネにどんな解決策があるか検討開始」がスタートでしたが、どんな時もこの地点がスタートとなるとは限りません。

　②からスタートしても、③からスタートしてもよいのです。なぜなら①からスタートすると、より多くの施策やコンテンツが必要となり、人的にも費用的にも余裕がないとできないからです。③からスタートであれば、必要な施策やコンテンツは限られます。

　逆に、①よりもっと前の上流プロセスから対応するという考え方もあります。

「『工場の省エネ』は社の課題のひとつに過ぎない。本当の課題は『収益率の向上』だ」と考えると、「工場の省エネ」はその解決のひとつの選択肢に過ぎないのです。「原価を下げ粗利を上げる」「営業費・販促費の効率的運営」「収益率の悪い商品の販売停止」、さらには「収益率の悪い工場の廃止」「リストラの推進」といった選択肢も検討する必要が出てきます。

　社としてコンプレッサーを売るためには、これら他の選択肢でなく「工場の省エネ」に投資しましょうという説得が必要になってきます。

　ニーズをどこまで遡るのか……これはマーケティング戦略の一大争点です。

　たいていの場合、より上流に遡れば遡るほど大きなテーマとなるので、

この解決には大きな費用と人的リソースが必要となります。その分、上流で顧客の気持ちをがっちり掴んでおくことに成功すれば、④や⑤のような最終的な商品選択・契約獲得の場面でライバルに対して大きなアドバンテージを獲得できます。上手くすると、ライバルとの競争なしで受注できる可能性すらあります。

　逆に顧客が「P社のX、Q社のY、R社のZか」という選定プロセスからマーケティングをスタートすると、確かに最終選定戦に全リソースを投入できるので、ムダの少ない効率的なマーケティングとなります。その分、ライバルとのノーガードのガチンコ勝負となり、同じような商品であれば消耗戦のような価格競争（または納期競争）となります。

　さらにライバルがより上流プロセスからしっかり顧客の信頼を得ている場合、かなりハンデを負った勝負を強いられます。最悪、すでにライバルに内定している出来レースで、自社は単なる当て馬になっているという事態もありえます。

　一般的セオリーから言えば、ブランド資産や人的リソース・金銭的リソースに余力のある市場リーダー企業（1番手、時に2番手）は遡り、余力の少ない3番手以下の企業は最終選定戦に持てる全リソースを投入するのが妥当となります。ただ、これは一般論なので、次世代リーダーへの野心を抱く企業、「環境要因や自社の強みに千載一遇のチャンス到来」と判断し一大勝負に出る企業は、市場リーダーでなくても上流プロセスに挑戦するのも妥当と言えます。

10 ターゲット変遷プロセスの ゴール地点：最終成果

　これも、エンゲージメントマーケティングならではのターゲット戦略です。

　伝統的マーケティングでは、マーケティング目標は「上期○○万契約獲得達成！」「新発売キャンペーンで××万台販売達成！」「今年度中にシェア30％達成！」といった目標となります。

　エンゲージメントマーケティングも「新規契約○○万件獲得！」といった目標になることもありますが、これは最終成果ではないでしょう。潜在顧客⇒見込顧客⇒顧客⇒ロイヤル顧客と関係を継続・深化させるのがエンゲージメントマーケティングですから、最終成果は「ロイヤル顧客を何人育成・獲得できたか」です。

　もしくは、自社に収益をたくさんもたらすロイヤル顧客というだけでなく、自社の熱烈なファンになり知人・友人に、あるいはネットコミュニティーで自社商品の素晴らしさを推奨する人、いわゆるアンバサダーを育成・獲得することも最終成果と言えます。

　エンゲージメントマーケティングは、長い時間、手間暇かけて相手とコミュニケーションすることになるので、その見返りは単なる商品販売、単品契約獲得では不足なのです。その見返りは「人」を獲得することです。自社に長い間収益をもたらす人、自社の社員のように自社の成功に自らの意思で協力してくれる人を獲得することです。

前述のコンプレッサーを例に取りましょう。それぞれで異なる施策については競争戦略・行程戦略で改めて説明します。

⑥ P社のXで経営決裁降り、正式発注へ

⑦ X納品無事完了

⑧ Xをきちんと使えるようになる

⑨ Xを使って「工場の省エネ」で成果を上げる

⑩ Xの関連商品X2やX3、上級版スーパーXも購入する

⑪ X（P社）なしでは事業が成り立たないほど、X（P社）と深い絆で結ばれる

⑫ X（P社）の熱烈なファンになり、その価値を周囲に熱く推奨する

初回契約獲得は言わば中間地点です。

ここでまた判断が必要なポイントが発生します。前半の新規顧客獲得マーケティングで意識すべきターゲットは新規顧客になってくれそうな客でよいのか、それとも最初の出会いの場面からロイヤル顧客、アンバサダーになってくれそうな客なのかを考えるのかです。

学習塾におけるマーケティング

ひとつ具体的事例で考えてみましょう。学習塾の生徒獲得マーケティングです。

この学習塾は非常にユニークな指導方法で、他の予備校・学習塾で成果を出せず、万策尽きた生徒にも成果を出させる独自の力を持っているとします。ただそのユニークな指導方法は、ユニークであるあまり、誰にでも相性が良いわけではなく、気に入らない生徒は不満になり辞めてしまいます。またそのユニークな指導方法は、言葉でわかりやすく伝え

やすいものではなく、塾生の生々しい体験談こそが一番のセールストークとなります。実際、卒塾した生徒は熱烈なファンになる可能性が高く、その熱い推奨の言葉が新規生徒を呼び寄せる最強の力となっているとします。

　マーケティングのミッションは新規生徒獲得ですが、実質的には説明会参加者獲得です。説明会参加者は、面談をしますが面談で合否判定するのでなく、自宅から遠すぎるなど特別な事情がない限り、本人が希望するのであれば入塾させます。すなわち説明会申込が定員に達した段階で募集は終了し、大多数はそのまま入塾します。マーケティングの目標、コンバージョンは説明会申込者獲得です。

　SEOと運用型広告を施策としましょう。

　学習塾関係の検索キーワードをキーワードプランナーで探り、検索数の多いキーワードでSEO対策をします。リスティングも関係ありそうなキーワードを取りあえず全て購入し、クリック数（率）、コンバージョン数（率）、そしてコンバージョン単価を見ながら、コンバージョンが多く、かつコンバージョン単価が安くなるようなキーワードにシフトしていきます。ディスプレイネットワーク広告も同様に、多くのコンバージョンを低いコンバージョン単価で獲得できる表現にシフトしていきます。

　これは正しいでしょうか？　私は、ひとつの正解ではあるものの、別の正解もあると思います。

　目標である説明会申込者を安く早く獲得できるという意味では正しいのです。しかし、本当に来て欲しい生徒に来てもらうという意味ではどうでしょうか？

　本当に来てもらいたい生徒とは、卒塾後に熱烈なファンになり、新たな生徒を呼び寄せる最強のメディアとなる生徒であり、彼・彼女たちにたくさん来てもらうことが最重要だとしたらどうでしょう。

　ユニークな指導方法なので向き不向きがあり、向いてない生徒をたくさん集めても不満になって退塾し、ネガティブな書き込みの発信者になるリスクがあります。すなわち、塾希望者の平均的大多数をターゲットとしてはダメなのです。検索数の多いキーワードに合わせるということは、平均的大多数の情報ニーズに合わせるということです。

　たとえ検索数が少なくとも、ユニークな指導方法に強く共感・支持してくれる少数派が検索しそうなキーワードを狙うのもひとつの正解なのです。ウェブサイト訪問者数、コンバージョン数が減り、コンバージョン単価は高くなりますが、卒塾後も良い関係でいられる理想の生徒と出会えるのだったら安いのではないでしょうか。

　要するに今目の前の課題対応に終始するのか、最終ゴールを見据えて入口を考えるのかの違いです。「部分最適重視」か「全体最適重視」かとも言い換えられます。どちらが常に正解ということはありません。ただエンゲージメントマーケティングならば、後者の正解もあることをしっかり理解しておく必要があるでしょう。

11 複数ターゲットはペルソナで 分けるかニーズで分けるか

　同じ商品でも皆さんが同じ期待をして買うとは限りません。一つの商品に対して複数のターゲットが発生することは十分あり得ます。ましてや単品の商品ではなく、いくつかの商品で構成されている商品群の場合はなおさらです。

　ある高級ブランドの輸入車が欲しいと言っても、スポーティーな走りを求めている人もいれば、ステータスを求めている人も、あるいは外観内装の洗練性を求めている人もいます。コンプレッサーと一言で言っても、一企業が揃える商品はタイプや大きさによっていくつもあります。

　このように、ターゲットが複数となる場合、何によって異なるターゲットを規定すればよいのでしょうか?

ペルソナではなくニーズで分類する

　よく行われているのが、ペルソナを複数描いて、ペルソナごとにマーケティングを考えるというもの。わかりやすいのですが、

「そもそもペルソナっていくつ作ればいいの?」
「ペルソナたくさん作ってみたけど、これをどう施策に反映してよいのかわからなくなった」
「複数ペルソナ描いてみたが、それぞれに施策を立案してみると皆さんほとんど同じようだ」

　ということがよく起こります。施策が同じなら、複数ターゲットにす

る意味がありません。同じ施策・同じコンテンツだと、どうしても相手によって価値が伝わらない、買ってもらえる商品にならない事態になるからターゲットを複数設定するのです。

　私はペルソナではなく、ニーズで分けるのが良いと考えています。

　ニーズが異なれば施策、特にコンテンツは間違いなく異なります。自社商品に何を求めているのか、何を期待しているのかでターゲットを複数設定するのです。

　前述の高級ブランド輸入車のウェブサイトを例に取りましょう。

・ターゲットA＝スポーティーな走りを求めている人
・ターゲットB＝ステータスを求めている人
・ターゲットC＝外観内装の洗練性を求めている人

と3つのターゲットに分けます。この3つのターゲットに沿ったコンテンツを考えると、明らかに違います。また同一人物が複数のニーズを抱いているとしても、すなわち一人の人がターゲットAでありかつターゲットBであっても構いません。両方のコンテンツをそれぞれ準備しておけば両方閲覧してくれるでしょう。

　またコンプレッサー提供企業のメールマーケティングを例に取りましょう。

・ターゲットP＝工場の省エネを推進したいと思っている企業担当者
・ターゲットQ＝工場の騒音問題を解決したいと思っている企業担当者
・ターゲットR＝工場の機械トラブルを低減したいと思っている企業担当者

と3つのターゲットに分けます。一口にコンプレッサーといっても期待するものは明らかに違うので、それぞれに対応したコンテンツを準備しておきます。資料ダウンロードやセミナー申込等でメルアド取得する際のアンケートでどんな情報を求めているのか聞いておけば、求めるコンテンツのメールだけ送ればよいのです。複数求めているのであれば複数のコンテンツのメールを送ればよいのです。

このように、基本はニーズの違いによってターゲットを分けるのがよいのです。その上で、同じニーズでも人物像によってどうしても求める情報内容やコンタクトポイント（例：ウェブサイト、ウェブ広告、YouTube動画、展示会、店頭イベント、購読雑誌等）が異なってしまう場合は必要最小限の複数人物像でターゲット化をします。

高級ブランド輸入車で「外観内装の洗練性を求めている人」でも、ファミリー使用が中心の子供のいる夫婦と、独身エグゼクティブビジネスマンでは違う世界観のビジュアル表現にして、それぞれに最適のコンタクトポイントに掲出する。

同じ工場の省エネ推進担当者といっても、本社経営企画室のマネジャーと工場現場管理マネジャーでは視点が微妙に違うので、獲得した名刺情報によってメールで配信するコンテンツを変えよう、などです。

ニーズが複数の時は、ニーズごとにターゲットを規定するのが複数ターゲット戦略の基本。そして必要に応じて、同一ニーズでも人物像違いの施策打ち分けを行うというのが、複数ターゲット戦略として妥当でしょう。

12 ターゲット戦略の総括と戦略シート

ターゲット戦略を総括しましょう。

ポイントは以下6点です。

・ポイント1

　最初に決めるのはペルソナのような人物像ではなくニーズ

・ポイント2

　ニーズが複数存在する時はターゲットもそれに合わせて複数

・ポイント3

　ターゲットは検索ワードも使って規定。検索数が少ない検索ワードを選ぶ選択肢もある

・ポイント4

　客は心理・行動共変化し続ける前提で、ターゲットは静的ではなく動的に規定する

・ポイント5

　心理・行動のスタート地点をどこまで遡るかは大きな判断が必要

・ポイント6

　心理・行動のゴール地点はリード獲得でも初回購入でもなく、ロイヤル顧客化・アンバサダー化

　これを踏まえて、戦略シートという形にしてみましょう。

　知見やデータが十分になくても、まずは仮説でよいので作成してみましょう。

実際に施策を実行し、PDCAを回すうちに知見とデータは貯まります。その段階で戦略シートの内容も再検討し、必要なら修正・バージョンアップすればよいのです。

図表1-4　ターゲット戦略：戦略シート

ニーズ1	人物像	検索ワード	スタート地点	ゴール地点
ニーズ2	人物像	検索ワード	スタート地点	ゴール地点
ニーズ3	人物像	検索ワード	スタート地点	ゴール地点

図表1-5　戦略シート記入例：工場の省エネのためのコンプレッサー選び

ニーズ1 工場の省エネを推進したい	人物像 中堅メーカー本社生産企画室管理職	検索ワード 工場の省エネ解決方法	スタート地点 どの解決方法にするか白紙から検討	ゴール地点 当社商品○○の熱烈なファン
ニーズ1 （別案） 工場の省エネを推進したい	人物像 中堅メーカー本社生産企画室管理職	検索ワード コンプレッサーの選び方	スタート地点 どのコンプレッサーを選ぶか検討	ゴール地点 当社商品○○の熱烈なファン

図表1-6　戦略シート記入例：ユニークな指導が売り物の塾と高級輸入車

ニーズ	人物像	検索ワード	スタート地点	ゴール地点
もう一度やる気になって一流大学に受かりたい	授業についていけず勉強意欲を失いかけている高校生	勉強意欲自信喪失個別指導塾	予備校・塾いろいろ試したが全部失敗。もう後がない	志望校合格以降、大人になっても同じ境遇の人に必ず推奨

ニーズ	人物像	検索ワード	スタート地点	ゴール地点
スポーティーな走りと洗練された外観・内装の車が欲しい	IT企業で成功している40歳前後の若い経営者	スポーティーな走り洗練された外観・内装	輸入車のセダンを選ぶところまでは決まっている	当社高級セダン○○の熱烈なファン

第 2 章

時代が変わっても
不変の競争戦略

01 競争戦略とは

「あなたが戦っている競争相手は誰ですか？ 誰と客の奪い合いをして
いるのですか？」と問われ、即座に自信を持って返答できますか？ 返答
できなければ、それは競争戦略を考えてないということです。

　競争戦略とは「どんな競争相手と戦ってどうやって勝つか」を考える
こと。

　デジタルマーケティングで、ウェブ解析ツールやマーケティングオー
トメーションツール、またはCRMツールの数字を見ながらPDCAを行
う時、往々にして忘れてしまうのが競争相手の存在。自社と顧客の関係
だけでマーケティングしてしまうという過ちです。

　ここでは一般的な競争戦略に加え、エンゲージメントマーケティング
ならではの競争戦略の視点を説明します。また、次の章では競争戦略の
戦略シートを紹介します。

　では、伝統的マスマーケティング、デジタルを駆使したエンゲージメ
ントマーケティングのいずれにも共通な競争戦略をまず説明します。特
に競争戦略を考える上で最も基本となる、強者と弱者によるスタンスの
違いと、そこから発生する強者の競争戦略・弱者の競争戦略を詳しく説
明します。

　「どんな競争相手と戦ってどうやって勝つか」が競争戦略です。
　伝統的マスマーケティングでは否応なしに常に考えることになります
が、デジタルマーケティングでは、ツールの数字ばかりを見ていると、

どうしても自社と顧客の関係だけで物事を考えてしまう傾向があります。顧客の行動がリアルタイムで可視化されているので、ついつい数字に表れる顧客の行動ばかりを追ってしまうのです。

しかしツールのデータで可視化されないのが競争相手の存在と動向です。そしてマーケティングの成果は、この競争相手の存在や行動によって大きく左右されます。これは当然です。自社だけがマーケティングしているのではなく、競争相手も必死でマーケティングしているのですから。皆が顧客を自社のほうに向かせようと競争しているのです。

当たり前のことながら、忘れがちなのが、「顧客から見れば自社は多くの競争相手の中のひとつに過ぎない」ということ。マーケティングで最も大事なことは「顧客の視線で考える」ことですから、競争相手の存在や行動を視野に入れながらマーケティングしているか否かがとても大事になります。

競争相手が可視化されている伝統的マーケティング

伝統的マーケティングの場合、自社商品が置かれている店頭を見れば自社商品と競合商品の力関係が一目瞭然になります。

スーパーの店頭を思い浮かべてください。対象となる棚の目立つ所にたくさん置いてあれば、人気商品として売れていることの証で、隅のほうにちょこっと置いてあれば、あまり売れてないことの証です。それでも置いてあるだけましです。全く置いてもらえない商品のほうが多いのですから。

そのため、どの売り場（棚）でどう置いてもらいたいか、限られたスペースで競争相手を押しのけ、目立つように置いてもらうにはどうしたらよいかを考えざるを得ません。油断すると、先週まで置いてあったの

に、今週行ってみると競争相手にその場所を奪われて消えていた、という事態が普通に起こります。すなわち、伝統的なマーケティングにおいては、競争戦略を常に考えざるを得ないのです。

デジタルマーケティングの場合、店頭というリアルな場が存在しないことも多いのに加え、商品自体が手に取って触れられるリアルな存在でないことも多いため、肌感覚で競争相手の存在は意識されないことが多いでしょう。

しかし、競争相手は常に存在しています。自社がどんなマーケティングをしても、自社より強い競争相手が自社より強い施策を打てば、顧客はそちらになびき、自社のマーケティングの成果は踏みにじられます。マーケティングとは弱肉強食の客の奪い合いの戦いなのです。

この競争相手との厳しい戦いで、少しでも優位を獲得する知恵が競争戦略です。

02 強者と弱者

　「この戦いにおいて、自社は強者として臨むべきか、弱者として臨むべきか」

　まずはこの認識をしっかりした上で、それぞれに見合った競争戦略を考えます。

　というのも戦いである以上、全てのプレーヤーが同じ能力で臨むことは滅多になく、たいていの場合、強者と弱者が存在します。大きなリソースと大きなアドバンテージを持って戦いに臨む強者と、小さなリソースで何のアドバンテージも持たずに戦いに望む弱者は、必然的に戦い方が異なります。

　業界ナンバーワン、売上ナンバーワン、人気ナンバーワンの企業・商品は強者です。ナンバーツーは下位の企業・商品に対しては強者ですが、ナンバーワンに対しては弱者です。業界ナンバーワンであっても、違った業種・市場に参入する時はたいてい弱者となります。そして大多数の企業・商品はそのいずれでもない弱者なので、必然的に「弱者のマーケティング」を強いられることになります。

　つまり、自社はこれからやろうとしている戦いで、強者なのか弱者なのかを見極めることが極めて大切になります。なぜなら、それにより打ち手が全く異なってくるからです。

　代表的な強者の競争戦略として挙げられるのは、次の3つです。

・「□□と言えばやっぱり〇〇だよね」という存在感の大きさで競争相手を圧倒し、客側に詳細な比較検討をさせることなく選ばせる戦略
　⇒①マインドシェア戦略

・特に個性や際立った強みはないが、満遍なく高評価でかつコストが安く、特別の趣味嗜好・用途でない限り「この商品を選ばない理由を探すのが難しい」と客に思わせる戦略
　⇒②コストリーダーシップ戦略

・強い資金力、強い技術力、強いブランド力、強い流通力、強い人材力を使って、挑戦者の挑戦を勢いがつく前に片端から潰し、出鼻をくじき続ける戦略
　⇒③モグラたたき戦略

　逆に、代表的な弱者の競争戦略として挙げられるのは、次の4つです。

・今までにない新たな価値を提唱し、強者である上位企業・商品との違いを鮮明化し、客にその価値を認めてもらうことで顧客獲得に挑戦する戦略
　⇒④差別化戦略

・大きな市場を諦めて、ニーズやターゲットを小さく限定した小さな市場でナンバーワンまたはオンリーワンになることを目指す戦略
　⇒⑤特化（ニッチ）戦略

・満遍なく高評価を得ることの逆、すなわち「この点だけで選べば最善の選択」となるべくリソースを特定価値に集中投下し、そこを重視す

る人に買ってもらえれば良いとする戦略

⇒⑥一点突破戦略

・特筆すべき強みは何もないが、市場の平均的大多数のニーズを満たし、かつ他社より安く提供することで何とか生存を目指す戦略

⇒⑦追随戦略

　どの戦略にも、成功した時の成果の大小、勝算（成功確率）、または失敗リスクがあります。

　それらについて、次項以降で説明していきます。

03 強者の競争戦略の成果・勝算

　誰でも勝者、特にナンバーワンの立場でマーケティングをしたいものです。ナンバーワンはナンバーツー以下に対して大きなアドバンテージ、そして見かけの実績差以上のリソース差（資金力・技術力・ブランド力・流通力・人材力等）があるのが普通です。最も大きな収益が期待できて、無理な戦いが不要な分、勝算も高く、失敗リスクも低いのです。打ち手の選択肢も多く、余裕を持って戦いに臨めます。

　3つの代表的な強者の競争戦略を述べましたが、どんな時に有効か、簡単に説明します。

①マインドシェア戦略

「□□と言えばやっぱり○○だよね」というイメージがすでに成立している時に有効な戦略です。

　それはすなわち売上ナンバーワン、シェアナンバーワン、人気ナンバーワンなど、市場ですでに最強のポジションを獲得している時です。ディフェンディング・チャンピオンの戦略とも言えます。

　もしくは、他を圧倒する規模の広告を打って「□□と言えばやっぱり○○だよね」という認識を広く創出させる時にも有効です。

　客の側も「○○なら安心」「一番人気なので深く考えずつい買ってしまう」「皆が○○を使っているなら私も○○を選んでおけば無難」「○○は周りの人に威張りが効いて（見栄が張れて）嬉しい」といった気持ちになっているので、自然と優位な立場で競争できます。

そもそも成功している企業・商品なので、間違いを犯さなければ成功する可能性は高いと言えます。

マーケティングもリーダーとして市場全体の将来を見据え、競争相手を含めて市場全体を幸せにすることを考えます。ナンバーツー以下の挑戦に対しても泰然自若とした振る舞いをして、少なくとも客には懐の大きさを見せつけます。

広告も万人受けの表現となり、先鋭なセールストークでなく「□□と言えばやっぱり〇〇だよね」というイメージを改めて感じさせる存在感の大きさで勝負するものになります。

※ マインドシェアとは、第一再生知名度とも呼ばれ「〇〇（商品カテゴリー）と言えば何が思い浮かびますか？」との問いに対して、最初に答えた商品名のこと。このスコアが高いと競争上で有利であることが立証されている。

②コストリーダーシップ戦略

マインドシェア戦略と同じナンバーワン、もしくはそれに近い企業の戦略ですが、今はナンバーワンでなくてもこれからナンバーワンを狙う企業の戦略でもあります。企業としての規模や資金力・技術力・ブランド力・流通力・人材力が先行企業を大きく凌駕する企業が、実績のない後発であってもいきなりナンバーワンを狙う戦略でもあります。

他の企業・商品と比較して特に魅力的な特徴があるわけではなくても、どの視点で比較しても同等以上の競争力があること、特徴的な強みはなくても弱みもないこと、100点満点で100点の教科は1つもなくても全教科で80点以上を取っていることが求められます。その上で他の企業より安く提供できれば、客から見れば「〇〇でいいじゃないか」となります。特に特徴的な何かを求めている人でない限り、この企業・商品を選ばない理由がなかなか見つからないことになります。

スケールメリットがないと、なかなかコストリーダーシップは取れないので、一般的には規模の大きな企業が取ることが多い戦略です。

　また、これを自社で行わず、先行企業を買収して吸収することもあります。
　特にIT業界は、ゲームの「パックマン」のようにより大きな企業が先行企業を吸収し、吸収した企業がまたさらに大きな企業に吸収されることの連続です。企業規模がモノを言う戦略と言えるでしょう。

③モグラたたき戦略

　すでにナンバーワン等の強者となっている企業が、挑戦者たちの挑戦を潰し続ける戦略です。資金力・技術力・ブランド力・流通力・人材力ですでに優位に立っているのですから、たいてい勝てます。

・「今度□□（下位企業）が特定の客向けの新商品を出すとの情報を得た。
　すぐ同じような商品を開発・販売してその新商品の成功を阻止せよ」
・「□□（下位企業）が四国地方でユニークなプロモーションをしてきた。
　3倍のプロモーションコストを使って、ただちにそのプロモーションを潰せ」
・「□□（下位企業）が販売店を集めて新しいチャネル政策を提唱してきた。販売店に圧力をかけて同調しないように働きかけよ（恫喝せよ）」

　といった具合です。
　これは、力で優位に立っているからこそ可能な戦略です。
　そんなリーダーの風格を感じさせない戦略なんて取らないで欲しいと思うのが弱者の願いですが、現実には普通に行われているでしょう。

テレビ広告やプライベートセミナーのような大きなイベントなど、客が目にする場ではマインドシェア戦略を取り、実際の営業現場ではモグラたたき戦略を取るといったケースもあります。

　客には余裕の笑顔を見せながら、裏に回ってはライバルをえげつないくらい容赦なく叩くのです。「強者が弱者を虐める」のは見ていて不快なので、表の顔と裏の顔を使い分けるということです。強者といえど、いつまでも地位が安泰ではないので必死なのです。

04 強者の競争戦略のリスク

　強者は強く有利な立場でマーケティングできるため、勝算は高いのですが、落とし穴もいくつかあります。実際、落とし穴に落ちて弱者に転落することはよくあります。

　まず前述のように「強者が弱者を虐めている」という構図を露骨に客や世間に見せつけるのは得策ではありません。それは見る者にとって不快だからです。弱い者いじめの強者を懲らしめ、健気に戦っている弱者を応援したいのが人情です。それだけではなく、最悪、公正取引委員会に追及されたり、不都合な法制化が行われたりするリスクもあります。
　弱者を叩く時は、世間からはそう見えないように細心の配慮をする必要があります。

勝者にとっての2つのリスク

　さて、勝者にとって最大のリスクは環境の変化です。時代・社会・市場が変化し、今までの強みが希薄化し、新たな価値が生まれることです。変化を追い風に新しい価値を提唱してきた挑戦者に顧客を奪われ続け、遂には挑戦者に敗北し弱者に転落することもままあります。

　たとえ強者といえども、奢らず常に「危機感」を抱くこと、時代・社会・市場の変化に謙虚に耳を傾け、初心を持って変化に対応することが大事です。さらに言えば、今までの強みを棄てて自ら新しい価値に挑戦する、自己否定も厭わない前向きな姿勢が求められます。

次のリスクは**技術の変化**です。

「アナログ⇒デジタル」が最たるものですが、デジタルの中でも毎年のように進化するテクノロジーによって競争環境が劇的に変化することがよくあります。

「今までできなかったことができるようになる」のは、マーケティングにとっても大きな変化です。それにより競争のルールが変わり、今までの強者が突然その強みを失い、新しい競争ルールで有利な強みを持った挑戦者に強者の座を奪われるのです。

伝統的マスマーケティングが、テクノロジーの進化によってさまざまな側面でデジタルを駆使したマーケティングに主役の座を譲っているのは、まさにこの最たる例と言えるでしょう。

テクノロジーの進化にずーっとついていくのは大変ですが、「諦めたらそこで試合終了」です。

客の心理に潜む2つのリスク

さらに客の心理の中にもリスクはあります。

「客は自分が使っている商品に100％満足することはない」というリスクです。

「定期的に顧客満足度や競争相手の満足度を調査してチェックしている」。それは良いことです。「満足度が上がっている、競争相手の満足度より高い」のはもちろん嬉しいことです。しかしそれはあくまで相対的なものです。

5段階評価で「大変満足している」と答えた人でも100％満足していることはないものです。ある時は100％満足しても使っているうちに小さな不満が芽生えたり、他社の情報や世の中のさまざまな情報を見て期待値が変化すると満足度は変化します。

「客は自社商品に100％満足することはない」と肝に銘ずるのがよいで

しょう。小さな不満も見逃さず、「隙」を作らないことが大切です。「隙」は競争相手にとってはチャンスとなりますから。

　もうひとつの客の心理の中のリスク、それは**「客の飽き」**です。

　人は飽きっぽい生き物です。どんなに理性的には最適の選択であっても、同じことを選び続けていると飽きてしまうのです。新しいモノに目移りしてしまうのです。

　だから手を変え品を変え小さな変化を演出し、「客を飽きさせない努力」が必要なのです。

　実は、何十年も続くロングセラー商品のパッケージデザインは、何度もデザインを変えているのを知っていますか？ 並べて見ると「こんなに変わってきたのだ！」と驚くはずです。

　しかし、日常的に目にしていると変わったことに気づかないはずです。「変わってないように見えて変わっている」「なぜかずーっと新鮮な印象を受ける」、すなわち新鮮さの上手な演出です。弱者と違って強者の場合は、大きく変えるのはリスクがあります。「客の飽き」と戦うには、巧みに新鮮さを演出し続けることが大事なのです。

　インフラのようなサービスであればあまり大きな影響はありませんが、趣味嗜好が関わる商品はもちろん、話題が数年おきに変わるようなトレンドに左右される商品・サービスは要注意です。これはB to Cだけでなく、B to Bでも言えること。注目のキーワードが数年で陳腐化し、新しいキーワードが栄枯盛衰のように生まれては消えるデジタルマーケティングの世界でもよく起こっている現象のように思われます。

　ロングセラーになりたければ、あの手この手で新鮮さの演出に腐心しなければなりません。

勘違い勝者のリスク

　最後のリスクは一番いけない「勘違い勝者」のリスク。

　自分を勝者だと思っているが、実は自分が思っているほどの勝者ではなかった時は、とても危険です。

　具体的には、自社または自社商品の力を過大評価してマーケティングを行い、大失敗をするというもの。

「マーケティングの失敗の80％は自社や自社商品の過大評価に由来する」と言われています。

　人間はどうしても「自分に対する自分の評価」が、「自分に対する他者の評価」を上回る傾向があります。

　どんなに頭の良い優秀なマーケターでも、自分や多くのスタッフたちの必死の努力と知恵で生み出した自社商品を冷静に客観視するのは難しいことです。自分の子供に対して、愛情と思い入れにより現実以上の夢を抱いてしまうのが親の常なように。

　特に勝者の立場が長く続くと、自身への評価が甘くなりがちです。「今まで上手くいってきたのだから、これからも上手くいくだろう」となるのです。

　自らの力を冷静に客観視することができるか否か……それは、マーケターに求められる最も大事なスキルとも言えるでしょう。

「勘違い勝者」を避けるために一番良いのは、「客の肉声」に常に耳を傾けていることです。

　直接話を聞いたり、きちんと調査することが一番ですが、今はネットでも自身についての話を簡単に聞くことができます。自社についての感想やコメントは検索すればたちまち出てきます。Yahooリアルタイム検

第2章　時代が変わっても不変の競争戦略

索を見れば、自身について今、何が書かれているか一目でわかります。リスニングツールもたくさん販売されていますので、ソーシャルリスニングは今日のマーケターの基本動作とも言えるでしょう。

　SNSでの書き込みは信頼性が低いとも言われますが、それでも自社について耳の痛い話にもきちんと謙虚に耳を傾ける姿勢はとても重要です。

　マーケティングにとって、妄想を膨らませることは（実行のエネルギー源となるため）大事ですが、妄想と現実の乖離が大きくなり過ぎた時、客の厳しい声を耳にして妄想に冷水を浴びせられることもまた大事です。

強者の6つのリスク対応策

　強者のリスクと対応策を整理すると、以下のようになります。

・リスク１：時代・社会・市場環境の変化で競争ルールが変わる
　⇒常に「危機感」を持って変化を早く察知し、時には自己否定をしてでも競争相手に新しい競争ルールの主導権を渡さない。

・リスク２：テクノロジーの進化で競争ルールが変わる
　⇒苦しくてもテクノロジーの進化にはついていく。諦めたらそこで試合終了。

・リスク３：客は100％満足することはない
　⇒自社への小さな不満も見逃さず少なくとも知っておく。小さな不満は「隙」となって競争相手にチャンスを与える。

・リスク４：逃れられない客の「飽き」
　⇒客は目新しいモノに飛びつく「飽きっぽい」生き物と最初から想定

し、上手に、巧みに新鮮さを演出し続ける。

・リスク５：弱い者いじめは嫌われる
　⇒強者が強い立場を利用して弱者をいじめる姿は、見る者に不快感を
　　与えるため、弱者を叩く時は気づかれないようにやる。

・リスク６：自社を強者と勘違いする
　⇒マーケティングの失敗の80％は、自社の競争力の過大評価に起因
　　するので、自分をどれだけ客観視できるかが勝負。

05 弱者の競争戦略の成果・勝算・リスク

　弱者のマーケティングは強者のマーケティングと比べて成果が小さく、勝算が低く、リスクも高いのが普通です。しかし、世の中には弱者のほうが圧倒的に多いため、こちらのほうがむしろ基本の競争戦略と言えます。取る戦略によってリスクも異なるため、前述の戦略一つひとつを見ていきましょう。

④差別化戦略

　弱者の中でも比較的強者に近い弱者、たとえばナンバーツーとかナンバースリーが仕掛けることが多い戦略です。

　提唱する新しい価値が、勝者の提供している今までの価値と「違い」が鮮明で、かつ客に支持・共感されれば、強者に互して戦う、あるいは強者を叩き落とし、自らが次の強者になる可能性を秘めています。実際、差別化戦略が成功し、首位交代に至った事例も多々あります。

　一方、価値の「違い」が客から見てわかりにくかったり、「違い」自体を客が評価してくれなかった場合は空振りとなり失敗します。特に技術志向の強い会社が技術の視点を偏重して「違い」を過大視すると、客にこう言われることがあるでしょう。
「いろいろ小難しいこと言っているけど、何が違うのかよくわからない」
「違う違うって言うけど、その違いが一体何だっていうのか。私にはどうでもいいことだ」と。
「違いの過大視」は一番のリスク要因と言えるでしょう。

ただし、致命的な失敗でない限り、強者に挑戦する姿は、客から見ても業界関係者から見ても好意的に受け止められることが多いので、多少の失敗は恐れず挑戦するのがよいでしょう。ナンバーツー、ナンバースリーのポジションを挑戦により維持・強化できるのであれば、それも立派な成果です。

　しかし、時には致命的な失敗になることもあるので要注意です。
　それは強者、**特に強いナンバーワンを本気で怒らせた時**です。
　差別化戦略以外の弱者の戦略は強者にとってさほど影響はありません。「勝手にやっていれば」といったところでしょう。それに対して、差別化戦略は強者にとって脅威となります。なぜなら、自社のポジションが危うくなる可能性があるためです。従って、時に本気で逆襲します。力のあるナンバーワンが自ら返り血を浴びる覚悟で本気でナンバーツーを潰しに掛かると、ナンバーツーにとって深刻な事態となります。

　以前、日本の二輪業界でも似たようなことがありました。
　ナンバーツーの挑戦が成功し続け、遂にシェア逆転直前まで来て、「来年は自社がナンバーワンになる」とまで社長が宣言しましたが、これがナンバーワンの逆鱗に触れ、本気の逆襲に遭いました。結果として、シェア逆転が叶わなかっただけでなく、惨敗に次ぐ惨敗、さらに泥沼のようなダンピング競争で一気に経営危機に陥り、社長自ら敗北宣言して退任する事態に至りました。

　弱者は「強者の虎の尾を踏むと大変なことになる」というリスクを常に忘れてはならないのです。
　特に人間、逆風の中で必死に戦っている時は大きな過ちは犯しませんが、順風満帆の中で勢いづいている時にこそ大きな過ちを犯します。勇

気をもって挑戦すべきですが、相手は自分より力がある強者なのでその一挙一動に常に注意を配り、場合によっては撤退する勇気も持たなければなりません。

今日のアメリカ対中国の関係が私には彷彿されますが、どのような結果になるのでしょうか。

⑤特化（ニッチ）戦略

大きな市場で勝負しようとしても、強者が1社、または複数存在しているため到底勝ち目はなく、自社のポジションの築き方が描けないという場合、小さな市場に特化してそこでナンバーワン、またはオンリーワンになることを目指す戦略。たとえば以下のようなものです。

・本当は全ての大人の女性に売りたいんだけど、20〜60代までは強い競争相手がひしめき合っているため、70代以上の健康意識が特に強い女性に的を絞って売ろう。
・全ての若い女性に使って欲しいけど、魅力的なブランドが多数あるので、自社は女子高校生に思い切ってターゲットを限定しよう。
・そもそも一般の人に振り向いてもらえる商品でないため、鉄道オタク向けの商品として彼らの好みに徹底的に合わせた商品としよう。
・大多数の人はパステルカラーのような無難な色のパッケージデザインを好むが、かなりの少数派だとは思うものの、当社は特に目立ちたがりで派手好きな人のためのショッキングピンクのデザインにしよう。
・価格は普通の台所用洗剤より高いが、手の皮膚が超過敏体質な人でも安心して使える台所洗剤を開発しよう。

客となる対象者から見て、他の皆が使うメジャーな商品とはっきり違

う価値を提示し、「他の人には価値がないが私にだけは他では得難い価値がある」と認識してもらうこと。そうすれば強い競争相手がいない、もしくは競争相手が全くいなくなるため、成功の可能性は高いと言えます。この戦略では、前提として、少数の人ではあっても、他では得られない価値をはっきり感じてもらう必要があります。

　一方、対象者をかなり限定しているので、成功しても大きな成果とはなりません。リアルの店頭販売の場合、そもそも棚に並べてもらえないリスクもあります。対象者が少なすぎると、さすがにその売上規模だと赤字になるとか、価格が高くなりすぎて相手の許容範囲を超えるといったリスクもあります。

　しかし大局的に見れば、昨今のデジタルマーケティングの一般化によって、特化（ニッチ）戦略の有効性は高まっていると考えられます。
　ネット販売なので、売り場の限定がなくロングテールが可能なこと、どんなに小さなニーズであろうと検索エンジンが客を探し出してくれること、限りなく1 to 1対応が可能なITの仕組みができてきていることなどが要因です。そして、その背後には客の価値観・趣味嗜好・利用方法の多様化、十把一絡げでなく私にぴったりの商品・サービス・情報が欲しいという客のニーズの高まりがあります。

　自らの価値、特に他にはないユニークな価値を見据え（またはつくり）、検索キーワード化して相応のウェブコンテンツを充実させれば、たとえ少数とはいえ気づいてくれる人、買ってくれる人がいるでしょう。これもまた、弱者の立派な生きる道です。

⑥一点突破戦略

　いろいろな選択基準がある中、1つの選択基準に狙いを定め、その選択基準だけについてはナンバーワンを目指す戦略。全科目満遍なく80点取るのとは真逆で、1科目でよいので100点を目指す。その分、60点、70点の科目が出ても構わないという考え方です。

・「自動車でパワーだけは同クラス他車を上回る車を目指す（燃費や居住性等は他車並み）」
・「コクの良さだけは絶対他社に負けないビールだ（キレは良くないが）」
・「思い切り爽快感を重視したシャンプーにしよう（洗浄効果は標準的）」
・「（他の商品はともかく）化粧品を安く買えることだけはどの通販サイトにも負けない」
・「美観を上げる点だけ見れば一番の塗装器具だ（大きさ・機能・操作性は普通）」

　しかし、機能・性能・効用は多くの場合、何かを高めれば何かが低くなる、いわゆる二律背反になることが多いのです。

・自動車でパワーを高める⇒燃費が悪くなる
・ビールでコクの良さを追求する⇒キレがなくなる
・シャンプーで爽快感を高める⇒洗浄力が下がる
・化粧品を安く買えることだけは負けない⇒他の商品の品揃えが弱くなる、化粧品の通販サイトという偏ったイメージができてしまう
・塗装器具で美観を上げることだけを重視する⇒器具が大きくなる・省エネでなくなる・操作性が悪くなるなど

　または「□□機能を高めることはできるが、価格が1.5倍になる」とい

った事態もあり得ます。

　一点突破は、二律背反により競争力を失うリスクが常にあるのです。

　一点突破戦略を成功させるには、二律背反を完全には克服できなくて
も、負の側面を最小限に抑えて強者に勝つ一点を作ることを目指します。
たとえ一点とは言え、それは簡単なことではありません。それができれ
ばどの会社もとっくに皆やっているはずですから。

　この戦略を成功させるには技術力が要ります。技術力がなければ二律
背反の負の側面が致命的になり成功はおぼつきません。
　もしくは新たに技術開発をする資金、そしてそれを判断する経営の意
志が必要になります。

　二律背反を度外視して、負の側面の改善を諦めるという選択肢もあり
ますが、それでは相当マニアックな客に限られます。特化（ニッチ）戦
略と割り切ればそれはひとつの選択肢かもしれませんが、ここではより
メジャーな市場にこだわります。不得意な科目でも、最低合格ラインの
60点、70点は取っておきたいのです。
　そのためには**技術力や経営判断が必要になり、マーケターの戦略だけ
では戦略実行に至らないのが一点突破戦略**です。

　差別化戦略のように新たな価値、新たな選択基準を創るのではなく、
すでに顕在化している既存の価値、多くの人が望んでいる既存の選択基
準を売り物するため失敗のリスクは少なく、また特化（ニッチ）戦略の
ように最初から小さな市場を狙うのではなく平均的大多数の人も期待す
るニーズに対応するため成功の成果は大きいと言えます。
　ただしそれを実行するだけの技術力、人材や資金を技術開発に投入す

る経営判断力があってこその話です。

⑦追随戦略

　特にこれといった強みや個性もなく、積極的に選ばれる理由はないが、安く提供することで生存を狙う戦略。戦略と言えるかどうかも怪しいが、実際には多くの企業・商品がこの戦略を取っています。たいてい本人にこの戦略を取っている自覚はありません。

　今まで述べた全ての戦略は、マーケティングを学んだ者が意識して考え判断するものです。しかし多くの企業・組織は、まだマーケティングの専門家によるマーケティングの実践を行っていません。その場合の行動原理は「周りの皆と同じようなことをする」です。

　「周りがやっているからウチもやる」「周りにやっている人がいないからウチも怖いからやらない」、さらに言えば「マーケティング戦略なんてよくわからないものを信じる気になれない。現実を見て、現実的に判断するのが一番良い」という考え方です。

　「良いものを安く提供する……これに勝る商売方法なんてない」

　確かに正しいでしょう。ただし一度、客の目線で考えてみてください。

　「良いものと言っているけど、良いものを提供しているのはあなただけではありませんよ」
　「あなたの会社が突然なくなっても誰も困りません。だって同じようなものを提供している会社はたくさんあるのですから」
　「良い商品であることはもう当たり前。周りと比べて突出して安いので

あればあなたの会社を選びますが、そうでなければあなたの会社を選ぶ
理由が見当たりません」

となりませんか？

　成熟化した日本社会、過当競争が多い日本の市場において、自分たち
だけの特徴や個性と自分では思っていても、客から見れば「皆同じ」「ど
れも似たり寄ったり」と映ることが多いのです。

　それでも多くの企業・組織が商売を続けていられるのは、「商品・サー
ビスの提供者と比較して客が多いため」です。客が多い、または客が
増えていると、特に強みや個性がなくても来てくれる客はいます。需要
に対して供給が追い付かなければ客はつきます。
　そして、当然のことながら商品・サービスの提供者が増え、需要に供
給が追い付く、あるいは供給が上回ると事態は一変します。客の奪い合
いになり、競争に勝たないと客が来なくなるのです。環境に変化が起こ
り、需要が減っても同じです。

　要するに「周りの皆と同じようなことをする」方法は、目先のリスク
は低いのですが、需要と供給のバランスが変わって競争環境が変化した
り、社会環境が変化したりすると、強い立脚点が何もないため一挙に生
存が危うくなります。市場からの撤退や倒産・廃業にすら至ります。

　環境変化を乗り越え、存続の柱となる強い立脚点とは「安い・近い」
ではなく「客の積極的支持」です。
「あなたの会社でなければならない理由がある」
「私の生活にとってこの商品はなくてはならないもの」

「他では得られない価値があるため、他より多少高くてもこれを買う」
「苦しくなった時、他のサービスは諦めるが、このサービスだけは手放さない」
　となることです。

　すなわち、今まで述べてきた競争戦略のどれかを行うことです。
　追随戦略はローリスク・ローリターンの競争戦略のひとつとも言えますが、価格競争に陥りやすく、また変化に弱く、一度逆風が吹けば一気に生存が危なくなる戦略だと考えるべきです。

　強者でなく、弱者でも特に基盤となるリソースがないのであれば、私は特化（ニッチ）戦略を取ることをおすすめします。デジタルマーケティングがその成功を後押ししてくれます。その場合、たとえ客が少数であっても自分たちにしか提供できない価値、他では得難いユニークな価値の発見、または創造が大前提だということも忘れないでください。

弱者のチャンス

　最後に「強者のリスクは弱者のチャンス」についてお話しします。「強者の競争戦略のリスクと対応策」については前述した通りですが、それを逆手にとって、弱者のチャンスとして使う方法です。

強者のリスク１：時代・社会・市場環境の変化で競争ルールが変わる
　⇒変化を早く察知し、新しい競争ルールを提唱し、主導権を握る

強者のリスク２：テクノロジーの進化で競争ルールが変わる
　⇒新しいテクノロジーを使って、新しい競争ルールを立ち上げ、主導権を握る

強者のリスク３：客は100％満足することはない

⇒強者の小さな不満を「隙」と見なし、そこに集中攻撃を仕掛ける

強者のリスク４：逃れられない客の「飽き」

⇒客の「飽き」に乗じて「強者＝古い、退屈」「自社＝新しい、新鮮」
というイメージを創出する

強者のリスク５：弱い者いじめは嫌われる

⇒強者よりさらに強い強者（行政や世論※等）を味方につけ、自身に
代わって叩いてもらう

※ 世論を味方につけ行政やマスコミに自身に代わって叩いてもらうの意。

強者のリスク６：自社を強者と勘違いする

⇒まさに敵失。正しく攻めれば勝てる

06 競争戦略立案の ベース「競合比較表」

　競争戦略を考える場合、必須の作業と私が考えているのが、**図表2-1**の競合比較表です。

　これは、自社と競争相手の比較を一覧表に整理したものです。

図表2-1　自社 vs 競合

	競合A	競合B	**自社商品**	競合C	競合D
価値①					
価値②					
価値③					
価値④					
価値⑤					
価値⑥					

たとえば、実際に書くと、以下の**図表2-2**のようになります。

図表2-2　競合他社との比較

	競合A	競合B	自社商品	競合C	競合D
誰でも すぐ使える	◎	○	○	○	○
画面が 見やすい	◎	◎	○→◎	△	△
付帯機能が 多い	○	◎	○	◎	○
滅多に 故障しない	◎	◎	○	○	△
価格が お手頃	△	△	○	○	◎
サポートが 優秀で親切	○	○	○→◎	△	△

○⇒◎は現状では○だが、今後は意志と戦略を持って◎に変えていくことを意味します。

作成に当たって大事な点は、以下の7つです。

①客の視線で作成

これが最も重要なこと。自社が相手を評価するのではなく、客の身になったつもりで、客が商品を選ぶ時の心境で作成する。

ターゲット戦略で規定したターゲット像、またはペルソナに成り代わったつもりで作成します。

②縦軸の価値は客のベネフィット、効用または客の選択基準でなければならない

　ワークショップで時々見かけるのですが、商品の機能・性能やセールストークを書くのではありません。あくまで客にとっての価値（ユーザーベネフィット）、客が感じる効用であり、それが客が商品選定する時の選択基準となるものです。

③横軸の競争相手は客に実際に比較検討される相手、実際に戦っている相手

　これもワークショップをやってみると、こちらが競争相手だと勝手に思い込んでいるだけに過ぎないことがよくあります。改めて客にヒアリングをすると、全然違う競争相手と比較されていたと後で気づくことがよくあるのです。

「受注競争で負ける時は□□（選択基準）で○○社に負けることが多い」
「長年、○○社と△△社とコンペで勝ったり負けたりしている」
「今まで○○社に負け続けてきたが、今回は□□（選択基準）で勝負して勝った」

　のように、あくまで「客から見て」自社と実際に比較検討されている相手です。
　「客が自社とどんな競争相手とを比較して選んでいるのか」を正しく把握するのは非常に大切ですが、意外ときちんとやってないことが多いのではないでしょうか。ニーズをキーワードにして検索し、自社と同じレベルで出現する相手を競争相手として意識する、日頃から客ときちんと向き合って話をする、時にはお金をかけて調査することも必要です。

④評価は客観的で公正に

これも客の視点で作成。手前みそはNG。

ワークショップ等で作成してもらうと、勢いで自社商品に◎◎と現実以上に自社商品が勝っているかのごとき評価をするケースがありますが、こんな評価なら競合比較表を作成しないほうがましです。これは何の役にも立ちません。

ウェブサイトやダウンロード資料に実際に掲載する可能性もあると考えてください。その時、競争相手からクレームがつけられないほど客観的な事実になっていることが必要です。

⑤縦軸の価値選びは戦略的に

評価は客観的で公正であることが必須ですが、選択基準となる価値は自社の競争戦略に則って意図をもって選びます。

自社の強みが浮き彫りになるように選ぶのです。

この選択基準で選べば自社が勝つというのであれば、平均的大多数の客の選択重視点でなくてもしっかり明記して際立たせます。

⑥売れた実績があるのなら必ず勝てる価値があると考える

ワークショップをやってこの競合比較表作成をお願いすると、「自社が勝てるポイントがありません。勝てません」と回答されることがあります。

しかし、すでに販売実績があるのであれば、必ずあるはずです。自社から見てなくても、客から見ると勝っているところがあります。だからこそ発注しているのです。ひとつもなければ自社に発注することはないはずです。

技術志向の強い人たちだけで競合比較表を作成させると、価値の軸がどうしても物性的で、モノ自体に関する価値に偏りがちですが、客は必

ずしも物性的価値だけで選ぶわけではありません。

「当社の仕事の進め方に合わせて柔軟に対応してくれる⇒対応の柔軟性」
「直接発注に結び付かない相談にも乗ってくれる⇒パートナーシップの深さ」
「長年の付き合いのため当社の意図を言わなくても深く理解してくれる⇒意思疎通のしやすさ」

　といったことも十分価値軸に設定可能な内容です。常日頃から客の真意を探る努力をしていれば、自然と想起できるはずです。

⑦まずは現状をそのままに、次に戦略意図を反映して作成

　前述のように、競合比較表の評価は、あくまで客観的で公正でなければなりません。

　しかしその結果、どうしても勝機が見いだせないこともあります。

　その場合は、前述の競争戦略によって「今の現状ではこうだが、それをこう変える」という戦略意図を反映させることになります。

・差別化戦略で現状の価値軸にはない新しい価値を提唱しよう
　⇒競合比較表に今はない新しい価値軸を挿入する
・特化（ニッチ）戦略でマイナーだが自社独自の価値をアピールしよう
　⇒競合比較表で自社だけが◎がつく価値軸を挿入する
・一点突破戦略で特定の１つの価値だけは一番になろう
　⇒現状では他社と同じ〇だが、これを技術開発で◎にしよう（〇⇒◎）

07 競争戦略を競合比較表に
反映させてみる

競争戦略は、競合比較表でその意図を可視化することができます。

一つひとつ競合比較表にしてみましょう。

①マインドシェア戦略

マインドシェア戦略だけは競合比較表は不要です。

そもそも比較検討をさせずに、存在感の大きさで選ばせる戦略なのですから。

もしこの戦略を取っている企業なら、むしろ自社の競争相手の気持ちになってみて、競争相手が自社の牙城を崩す戦略、特に差別化戦略を立ててみることをおすすめします。

競争相手のマーケティング責任者として自社への差別化戦略を構築してみて、次にその戦略の成功を阻止する自社の防衛戦略を考えるのです。上手く戦略を立て、万全の備えができれば、むしろ競争相手が差別化戦略を実行するように仕掛け、それを利用して、さらに自社が強力になるように仕組むこともできます。

②コストリーダーシップ戦略

では、②コストリーダーシップ戦略の競合比較表から作成してみましょう。

価値は機能や構造と峻別するために、ここでは効用で表現します。

効用とはユーザーベネフィットのことです。加速性が良い、燃費が良

い、洗浄力が高い、手肌にやさしい、肌が潤う、整腸作用に優れる、コクのある味わい、気分が爽快になる、見栄が張れる、操作性が良い、作業スピードが速い、省エネ効果が高い、騒音が少ないなど、客が享受するメリット（ベネフィット）です。

　納期の早さ、顧客サポートの親切さや専門能力の高さ、価格の安さ（導入時のコストや維持・運用のコスト等）も効用ですし、対応の柔軟さや意思疎通のしやすさも効用です。
　ワークショップをやっていると、機能や構造、または企業のセールストークをここに書いてしまいがちですが、それは企業目線であり顧客目線ではありません。繰り返しになりますが、客にとっての価値でなければならないのです。

図表2-3　コストリーダーシップ戦略の競合比較表

	競合A	競合B	自社商品	競合C	競合D
効用①	◎	○	○	○	△
効用②	○	◎	○	○	○
効用③	△	○	○	△	○
納期の早さ	○	△	○	○	×
顧客サポート	○	△	○	△	△
価格の安さ	△	○	◎	◎	◎

　全て○以上なのは自社商品だけ。かつ価格は◎

③モグラたたき戦略

図表2-4　モグラたたき戦略の競合比較表

	競合A	競合B	自社商品	競合C	競合D
効用①	◎→○	○	◎	○	△
効用②	○	◎→○	○	○	○
効用③	△	○	◎	△	○
納期の早さ	○	△	○	○	×
顧客サポート	○	○	◎	○	△
購入条件の良さ	△	○	○	◎→○	◎

　自社商品を上回る価値が生まれそうな時、それを潰す。購入条件の良さで攻めてきた競合Cには同等以上の条件を提示して潰す（⇒方法は前述）。

　脅威にならない劣勢ポイントは放置。

　価値でなく市場やターゲットに置き換えてもよい。

④差別化戦略

図表2-5　差別化戦略の競合比較表

	競合A	競合B	自社商品	競合C	競合D
効用①	◎	○	○	○	△
効用②	○	◎	○	○	○
新効用Z	△	△	◎	△	△
納期の早さ	○	△	○	○	×
顧客サポート	○	○	○	○	△
価格の安さ	△	○	○	◎	◎

　今までにない新しい価値Zを挿入。

価値Zは価値①〜②と同等以上に重要な選択基準になることを目指す。

⑤特化（ニッチ）戦略

図表2-6　特化（ニッチ）戦略の競合比較表

	競合A	競合B	自社商品	競合C	競合D
効用①	◎	○	△	△	△
効用②	○	◎	○	○	○
効用Y	△	○	◎	△	○
納期の早さ	○	△	○	×	△
顧客サポート	○	○	△	○	△
価格の安さ	△	○	○	◎	◎

　評価してくれる客が少数しかいなくても、自社独自のユニークな価値を挿入しており、他の価値では負けていてもやむを得ない。

　そこを犠牲にしても自社独自のユニークな価値を評価し選んでくれる客だけを見つめる。価値でなく市場・ターゲット・エリアでもよい。

⑥一点突破戦略

図表2-7　一点突破戦略の競合比較表

	競合A	競合B	自社商品	競合C	競合D
効用①	◎	○	○	△	△
効用②	○	○	○→◎	○	○
効用③	△	○	○	△	○
納期の早さ	○	△	○	○	×
顧客サポート	○	○	○	○	△
価格の安さ	△	○	○	◎	◎

1つの価値にリソースを集中投入して、その価値では一番を目指す。特化 (ニッチ) 戦略のように他を犠牲にすることなく。

⑦追随戦略

図表2-8　追随戦略の競合比較表

	競合A	競合B	自社商品	競合C	競合D
効用①	◎	○	○	△	△
効用②	○	◎	△	○	○
効用③	△	○	○	△	◎
納期の早さ	○	△	△	○	×
顧客サポート	○	○	○	○	△
価格の安さ	△	○	◎	○	◎

負けこそすれ勝つ価値のない平板な評価だが、価格だけは競争力がある。「価格の安さ」でなく「近くで買える」といった地理的な優位性であってもよい。

繰り返しになりますが、これらは「客の視線で作成する」ことが一番重要です。その上で、自社が客の目にどう映れば自社を選んでもらえそうか考えるのです。

第3章

エンゲージメント
マーケティング
ならではの
競争戦略

01 6つの競争に分けて考える

　今まで述べた競争戦略は、伝統的マスマーケティングでもデジタルを駆使したエンゲージメントマーケティングでも共通の戦略です。これから述べるのはエンゲージメントマーケティングならではの競争戦略です。

　違いはエンゲージメントマーケティングの場合、1つの商品、1人の客に対しても次元の違う競争が何回も行われることです。競争相手もしばしば変わります。

　多少乱暴ですが、流れを明確にするため6つの競争に分けて考えます。

前半：初回契約獲得・顧客化までの競争

第1回戦：解決策間の競争

第2回戦：有力候補への生き残り競争

第3回戦：3社による厳しい比較検討競争

後半：自社を選び続けてもらう競争

第1回戦：初期マスター段階での離脱阻止競争

第2回戦：顧客成功実現に向けた人材獲得・人材育成競争

第3回戦：アンバサダー育成競争

前半：初回契約獲得・顧客化までの競争

前半第1回戦：解決策間の競争

　ニーズに対する解決方法は、必ずしも自社が属する商品カテゴリーを買うこととは限りません。

　最初の競争は、直接の競合商品ではなくて、次元の異なる他の解決策との競争になることが多いと思われます。

前半第2回戦：有力候補への生き残り競争

　自社の属する商品カテゴリーを買うことでニーズを充足させようと決まった後は、同一カテゴリーの競合商品との競争になります。商品にもよりますが10、場合によっては20もの競合商品が存在することがあり、その中から2〜3の有力候補に残る競争となります。

前半第3回戦：3社による厳しい比較検討競争

　客が本気でシビアに比較検討するのはたいてい対象が3つ、または2つに絞られた時です。

　細部に至るまでの厳しい3社（2社）の比較検討の末、1社が選ばれ、ようやく晴れて購入（契約）となります。

後半：自社を選び続けてもらう競争

　初回購入（契約）は中間折り返し地点にすぎません。ここからは「自社を選び続けてもらう戦い」です。客を満足させるための自分との戦いとも言えますが、競争相手の存在は消えたわけではありません。客の気持ちが離れると、ただちに競争相手に流れます。

後半第1回戦：初期マスター段階での離脱阻止競争

　期待に溢れて利用開始するものの、期待との違いや、上手く利用できない、厄介なことが次々発生しストレスとなるなどのことが起こると、たちまち離脱してしまいます。ここで手を抜くとすぐ競争相手に流れる最も離脱リスクの高い競争です。

後半第2回戦：顧客成功実現に向けた人材獲得・人材育成競争

　カスタマーサクセスを実現するために、自社の社員のパフォーマンス強化が必要です。人材勝負なので、競争相手との人材獲得・人材育成競争となります。

後半第3回戦：アンバサダー育成競争

　競争の最終戦。ロイヤル顧客育成はLTV※の最大化をもたらしますが、さらに熱烈なファンになると、自分が利用し続けるにとどまらず、周囲に自発的かつ意欲的に推奨していきます。

　つまり自社のマーケティングに喜んで協力もしてくれる存在、アンバサダーになります。熾烈な競争において、自社の最強の味方であるアンバサダーをどれだけ育成できるかが、競争の勝敗に大きく影響します。

> ※ LTV＝Life Time Valueの略。客が生涯にわたって自社にもたらしてくれる収益の総計。エンゲージメントマーケティングが目指すゴールのひとつ。

　次項以降で、一つひとつ順を追って説明します。

02 前半第1回戦：
解決策間の競争

　人が何かをしたい、たとえば悩みを解決したい、夢を実現したい、もっと楽しみたい、もっと自分を認めてもらいたいなどと思った時、さまざまな方法を模索します。企業のマーケティングが入り込むのは、人のこうした気持ちです。本書の戦略シートの起点をニーズに置くのはそのためです。

　人が何かをしたいと思った時、以前であれば友人・知人に話を聞くか、書籍や雑誌を買って調べましたが、今は間違いなくネットで検索します。B to Cだと、次のようなワードで調べるでしょう。

「誕生日　特別な人　お祝いしたい」
「薄毛　解消　30代　男」
「肌に潤い欲しい　60代　女性」
「年収アップ　30代」

　B to Bでも、たとえば次のように検索するはずです。

「工場の省エネ　解決方法」
「ホワイトカラー　生産性向上　解決策」
「工場の認証資格　取得方法」
「営業　新規顧客獲得　効率よく」

検索してみると、さまざまな解決策のウェブサイトが掲出されます。自社の提供している商品・サービスが最初のページに掲出されればよいのですが、なかなかそうもいかないはずです。直接の競合商品ですら掲出されないことも多いでしょう。思ってもみなかった商品・サービスが上位に掲出されていませんか？

　1つの商品・サービスのマーケティングを長くやっていると「客＝自社や直接の競合商品の利用者」という目でしか見られなくなります。「客の関心事は自社や競合他社にあるはずだ」という間違った思い込みです。しかし多くの場合、客の関心事は別のところにあります。「自社も競合商品も悲しいぐらい客の視野に入っていなかったという事実が調査してみてわかった」ということがよくあると思います。

　ニーズ発生の初期段階の競争相手は、直接の競合商品ではないのです。

「誕生日のお祝いに当社おすすめの高級レストランを予約して欲しい。でも、お客様の一番の関心事は、レストラン予約ではなくプレゼントや演出方法だった（レストラン予約サイト）」
「年収アップのためある検定資格をアピールしようと思っているが、自社が獲得していきたい顧客の関心事はMBAの取得、またはダイレクトな転職活動だった（検定資格提供社）」
「工場の省エネと言えば当然コンプレッサーによる解決策を選んでくれると思っていたが、客の関心はデマンドコントロールや太陽光発電、工場の夜間稼働といった別のところにあった（コンプレッサーメーカー）」

　客を獲得するという意味では、他の解決策も競争相手です。客から見れば、自分の課題解決に対して限られたお金、限られた労力、限られた時間を何に使うのかを選ぶことです。業種・業界なんて関係ありません。

すなわち<u>最初の競争相手は、同業他社ではなく全く別の解決策</u>そのものなのです。

競争に勝つためには

　では「他の解決策VS自社が属する商品カテゴリー全体」の競争に勝つにはどうしたらよいのでしょうか。単に自社商品の特徴を訴えて売り込むというスタンスでは難しいでしょう。

　私は、この競争に勝つキーワードは、「大局的視野」「専門性」「公正さ」だと考えています。

「今の時代は○○だから……□□（自社商品カテゴリー）に注目すべき！」
「これからの社会は○○になっていくので……□□のようなサービスの形が期待される」
「今時のアラフォー女性の価値観は○○だから、意外と□□が今人気商品に！」
「そもそもビジネスパーソンのバリューアップとは……絶対に外せないのが□□という選択肢」

というように大上段に振りかぶることが必要です。
　相手が幅広い視野で選択しようとしているのですから、こちらもそれに合わせて視野を大きく広げて話題を提供しないと振り向いてくれないでしょう。大局的視野が必要なのです。

　しかし、大上段に振りかぶったのはよいものの、その内容が薄っぺらいものだと相手を失望させます。「さすがに物事の本質がわかっているな！」「知らなかった有益な話を聞かせてもらえてありがとう！」と感

心してもらえないといけないのです。すなわち専門的知見が入っていなければならないのです。

　さらに専門性が高いだけでは不十分です。専門的な話題であっても、「売らんかな」の下心が見えると客は一歩引くからです。ニーズ発生初期の段階では、客はまだ「今すぐ何か買おう」という気持ちではなく、「いろいろな可能性を知っておきたい」という気持ちなのです。そのためには、「何が何でも自社商品選択に結論を持って行かせる」のではなく、「第三者として公正に語っている（ように見える）」ことが重要なのです。

　あくまで客が喜ぶ情報、公正な情報を提供することが第一です。自社に有利な結論に落とし込むという企みは最小限にする、または巧妙に隠すことが求められます。

「大局的視野」「専門性」「公正さ」をもって客に感謝される話をするのは口で言うほど簡単ではありません。よほど実力がある企業でないと難しいかもしれません。

　従って、実際の施策化にあたっては、以下の点を検討してみてはどうでしょうか。

1. 実力がある専門家を味方につける

　専門家は専門性と公正さを備え、かつ大局的視野でモノが語れるため日頃から特定専門家と意思疎通を続け、いざという時に自社の思いを代弁してもらいます。

　実力があれば必ずしも著名人でなくても構いません。

2. メディア、特にマスメディアに語ってもらう

　メディア、特に日経系メディア等はやはり影響力があります。プレスリリースをきちんとまめに出すことはもちろんですが、できれば特定メディアの編集者と日頃から良好な関係作りに励み、自社に有利な記事（番組）を書いてもらえるように仕組んでおきます。

3. 調査データを有効に使う

　客観的数字が持つ力は大変強いのです。それがプロによるきちんとした調査であればなおさらです。ランキング化も効果的です。興味深い発見があった調査結果なら、メディアも取り上げてくれます。その際に、「○○（自社名）調べによる」とクレジットがつくようにすることで、自社の視野の広さや専門性が印象付けられます。

　手法としては、セミナー、できれば自社単体のプライベートセミナー、メディア・専門誌に記事・番組として掲載してもらうためのPR活動（ニュースリリースや日頃の関係作り）、または誌面を買っての編集タイアップ、ウェブへのタイアップ広告、ホワイトペーパー等のダウンロード資料になるでしょう。もちろん自社ウェブサイト自身が「大局的視野」「専門性」「公正さ」を有するコンテンツで充実していれば最高です。

競争に参加しない

　ここまで述べてきましたが、第1回戦の解決策間競争にはもうひとつの選択肢があります。

　それは「この競争には参加しない」という選択肢です。

　施策を見ていただければわかると思いますが、この競争に参加するにはお金も労力も、そして知力も必要になります。誰がやっても成功する

というわけではありません。力も実績もあるリーダー企業、資金・人材に余裕のある大企業に任せて、自社はその後の契約獲得・受注を賭けた同業他社との競争に専念するという選択は理にかなっています。

　改めてこの競争に参加するメリット・デメリットを整理してみましょう。

・参加メリット：客のニーズ発生初期から客の気持ちに寄り添うことで、自社への好感・親近感・信頼感を醸成できる。成功すれば最後の契約獲得・受注を賭けた競争で有利に立てる。上手くすれば競争なしで契約・受注を勝ち取れる。

・参加デメリット：多大な費用・労力・知的人材力が求められる。

・不参加メリット：同業他社である直接の競争相手との契約獲得・受注を賭けた戦いにリソースを集中投入できる。

・不参加デメリット：同業他社である直接の競争相手との戦いで何のアドバンテージもなく戦うことになり、明確な商品優位性がないと価格競争納期競争となり収益化が難しくなる。さらに最悪なのは、同業他社がこの解決策間競争で成功していると、契約獲得・受注を賭けた最終競争に参加するチャンス自体失う、もしくは勝算のほとんどない絶望的な競争になること。

　第1回戦に参加するか否かは、マーケティング戦略の大きな争点です。「強者⇒参加」「弱者⇒不参加」と機械的に判断することはできません。
　大いに悩むところですが、悩むのが正しい姿です。正解はありません。メリット・デメリットをよく鑑み、後は判断するのみです。

03 前半第2回戦：
有力候補への生き残り競争

　ニーズを充足する商品が最初から少なければこの第2回戦は存在しませんが、たいていは10以上の商品はあるのではないでしょうか。○○タイプ、□□タイプとさまざまなタイプが存在する場合、選択肢はどうやって選んだらよいのかわからない位たくさんあるでしょう。

　この多数乱立状態の中から有力候補に生き残り、最終決着に臨みます。

　このような多数乱立の時、人は概して乱暴な判断をします。10以上の商品をいろいろな角度から詳細に比較検討するなんてことはたいていしません。複雑でわかりにくくなり、考えるのが面倒になるからです。詳細に比較検討するようになるのは対象が3つか2つに絞られた時です。それまでは大雑把な、あるいは直観的な選択をします。

　この競争段階に入った客はどんな検索をするでしょうか。

　「○○（商品名）　選び方」と検索することが多いでしょう。

　そして実際に検索すると、上位に必ずと言って良いほど、

「○○（商品名）、おすすめ10銘柄」

「○○（商品名）　今人気の20銘柄の特徴」

「○○（商品名）　失敗しない選び方と8銘柄徹底比較」

　といった第三者的スタンスで解説するウェブサイトかブログが出てくるはずです。

この競争の勝ちポイントは、こうした第三者的スタンスの解説サイトで取り上げてもらえること、それも自社にとって嬉しい紹介のされ方をすることです。

業界ナンバーワンかナンバーツーであれば、自動的に取り上げてくれるでしょう。

これを紹介しないと、このウェブサイトの公正さが疑われ、多くの人が見たいウェブサイトとはならないためです。

自社がナンバースリー以下の時は、取り上げてくれない可能性が出てきます。そのため作戦が必要です。ここでは3つの作戦を紹介します。

作戦1：「□□で選べば〇〇（自社商品）は外せない」の　　　□□を上手く設定する

□□は前述した競合比較表の縦の価値軸・選択基準です。ひとつの選択基準□□で一番になることです。

もちろん客の選択・購入において重要度が高い選択基準であればよいのですが、一般的にそのような選択基準はナンバーワンかナンバーツーが、または多くのライバルがすでに押さえていることが多いため、必ずしも重要度が高い選択基準でなくても良いでしょう。

前述の差別化戦略で、今までにない価値を提唱するのでもよいですし、一点突破戦略で強い一点を作るのも一手です。

特化（ニッチ）戦略でも、ターゲットボリュームが小さすぎなければ紹介してもらえる可能性が出てきます。

逆にダメなのは、「あれもこれもそこそこイケます。価格も普通です」。それはナンバーワン等の強者だけが成功する戦略ですし、解説サイト側でも紹介の仕方に困ります。すなわち取り上げられにくいのです。

「□□で選べば○○（自社商品）は外せない」を戦略的に設定し、それを自社ウェブサイトでも、ニュースリリースでも、広告でも、セミナー・展示会でもブレずに訴え続けるのです。客の頭に残すだけでなく、解説サイトの編集者・ライターの頭にも残すように。

図表3-1　どの選択基準で1番になるか

	競合A	競合B	競合C	競合D	自社商品	競合E	競合F	競合G	競合H	競合I
効用①	◎	◎	○	○	○	○	○	△	△	△
効用②	◎	◎	○	△	○	○	△	○	△	○
効用③	○	△	△	×	◎	△	×	△	×	×
納期の早さ	○	◎	○	○	○	○	△	○	△	△
顧客サポート	◎	◎	○	○	○	△	○	△	○	△
価格の安さ	△	△	○	○	◎	◎	○	○	◎	◎

⇒「効用③で選べば自社商品○○は外せない！」となります。

　基本は選択基準としての効用で評価されると思いますが、中には「特定ターゲット○○ならこれは外せない」とするのもありです。

⇒「すでに○○（プラットフォーム名）を使っているのであれば、□□がおすすめ！」
⇒女性用がほとんどの商品の中で、「男性用であれば□□が良いでしょう！」

作戦2：話題になって存在感を増すこと

　商品多数乱立の時は細かい比較検討をせず、何となく存在感の大きいものを選びがちです。選択肢として頭の中にすぐ浮かぶものが有力候補となります。

　ナンバーワン、ナンバーツー等の強者はすでに存在感が大きいことが多いのですが、ナンバースリー以下だと存在感を出すためにはとにかく話題になることです。

　第三者的解説サイトを書く人にとって、業界で話題になっているものを無視するのは勇気がいります。客の関心を集めている以上、一言書かないわけにはいかないのです。

　一番手っ取り早いやり方は広告することです。できればテレビ広告が良いでしょう。それもタレントを使ったテレビ広告。もちろん費用はかかりますが、媒体費が下がっているので従来と比べれば格段に安く実行できます。テレビ広告やタレントはマーケティングのわかりやすい「顔」になりますから、ウェブサイトでも、YouTubeでも、イベントでも、セミナーでも、電車の中吊りでも、店頭ポスターでも「顔」として使えます。多くの人に記憶されやすく話題にもなりやすいので、解説サイト側としても取り上げざるを得ない心境になります。

　テレビ広告が無理でもとにかく目立つこと。客の目にも解説サイトの編集者の目にもとまるようにします。ウェブ広告でも、YouTubeでも、セミナー・展示会でも構いません。

　話題になったから売れるというものではありませんが、有力候補のひとつには残りやすいのです。

作戦3：解説サイトに広告出稿、リンクを貼ってもらうこと

身も蓋もありませんが、広告出稿すれば取り上げてもらえる可能性は高くなります。ただし、価格比較サイトであればアフィリエイト広告のような形で多くのサイトでやっていますが、そうでない解説サイトやブログでは広告を受け付けてないものも多いので、どんな時でもできるわけではありません。

解説サイトを含むメディアサイドの人にとって、「編集と広告」は微妙なテーマです。広告出稿してくれる広告主には良い関係を保つため、広告以外の本編のコンテンツでも好意的に扱いたいと思う反面、客側から見て「広告主に肩入れした編集ではないか」と思われると、メディアとしての公正さが失われ、客を失うリスクが発生します。

広告主となって解説サイトに対して、本編コンテンツでも好意的に取り上げてくれとリクエストしたい気持ちもわかりますが、そう思うようにはいかないことも多いでしょう。

第一、今の消費者は広告に対して成熟した目を持っているため、「このコンテンツは広告主から金をもらっているから甘い評価なんだな」と勘繰ります。すなわちそのサイトへの信頼感が下がるのです。人がある情報を信じるか否かという争点にとって、「公正さ」はとても大事な要素なのです。

私は正直、この方法はあまりおすすめしません。

マーケターとしては、まずは「□□で選べば○○（自社商品）は外せない」を試み、お金に余裕がある時は作戦2の話題喚起策をするのがよいと思われます。

また、解説サイトに取り上げてさえもらえれば何でもよいというわけ

ではないでしょう。不本意な取り上げ方をされることもあるからです。

「化粧品を安く買いたいなら○○通販サイトが外せない」と紹介される
のが不本意だとします。「化粧品だけが安いわけではない」「食品飲料の
ほうがはるかにたくさん売れているし、むしろそちらを強く売っていき
たい」と考えた時、確かにこの紹介では不本意でしょう。しかし「弊社
の望むような紹介に訂正して欲しい」とお願いするわけにはいきません。

　この場合、1で述べた方法、「□□で選べば○○（自社商品）は外せな
い」を戦略的に設定し、それを積極的にアピールして、解説サイトの編
集者・ライターの頭に刷り込んでいくしかないのです。こちらの意図通
りになる保証はありませんが、アピールしなければ何も変わらないでし
ょう。

04 前半第3回戦：3社（2社）による 厳しい比較検討競争

　3という数字は、人間の思考にとってある種のマジックナンバーではないかと思います。

「3密（密閉・密集・密接）を避けましょう」
「信号や色の3原色は赤青黄色」
「赤白黄色、どの花見てもきれいだな（チューリップの歌）」
「三本の矢」
「ABC」
「ホップ・ステップ・ジャンプ」
「本命・対抗・穴馬」
「私の言いたいこと、ポイントは3つです」

　と枚挙にいとまはありません。マーケティングの世界でも、

・3社の法則：市場は1社・2社参入の時は客の様子見で成長しないが
　3社参入になった時から客が「これは本物だ」と感じ急成長が始まる
・3つ巴の戦い：市場の競争は、メジャープレイヤーが3社で懸命に
　競争している時に最も活気づく
・グーグルアナリティクスのABC分析：集客（Acquisition）、行動
　（Behavior）、コンバージョン（Conversion）

　などがあります。

そのうちのひとつに、「客が本気で比較検討するのは3社比較の時」があります。

　比較対象が5社、10社それ以上だと、客は比較検討という行為自体が複雑で面倒になり、放棄する傾向にあるのです。対象が3社、あるいは2社に絞られた時、細部にわたり厳格に比較検討するという経験則です。

　買ってもらえるか否か、契約を獲得できるか否かの山場と言えるでしょう。

勝ちポイントを明確にする

　ここでの最重要事項は、競合比較表による「勝ちポイントの明確化」です。これは、まさに前述の強者・弱者の競争戦略そのものと言えるでしょう。

　手前みそな評価は全く意味がないので、あくまで客の視線になって客観的・公正に評価します。

　「価値軸（選択基準軸）の設定は戦略的に、評価は客観的・公正に」が作成の約束事です。

　また、競合相手選定も細心の注意が必要です。

　「こちらが勝手にライバルと思っていても、客は全く別の相手と比較検討している」ということはよくあります。きちんと客と意思疎通ができていれば、

　「弊社以外にどこを検討されていますか？」
　「弊社以外に発注されたとのことですが、できればどの会社か教えていただけませんか？」

と直接聞けるはずです。聞けないとすれば、それは客との信頼関係構築が足りなかったと反省すべきでしょう。

B to Cの場合は、消費者にアンケート調査することをおすすめします。「銘柄選定にあたって比較検討した銘柄は以下のうちどれでしたか？（複数回答）」と質問し、自社商品を購入した人が、他のどの銘柄と比較検討したか集計結果から抽出します。

もしくは自社の優位性が浮かび上がるような土俵を意図的に設定して、競合2社との優位な比較検討が行われるように仕向けます。

「□□で選べば〇〇（自社商品）は外せない」の□□を上手く設定して、自社に劣るライバル2社との比較検討を客にするよう仕向けるのです。

「□□タイプには主にA（自社商品）、B（競合商品）、C（競合商品）があり、一番売れているのはA」のように自社に有利なタイプや商品グループに土俵設定します。□□タイプの□□がまだ定まっていない時は、新たなタイプ名、新たな商品グループ名のネーミングを発案し、浸透するまで積極的にアピールします。

「コンテンツ制作ならやっぱりA社、B社、C社」に自社が選ばれなかった時、または他社に負ける時、「運用型コンテンツ制作なら自社、A社、B社」と「運用型コンテンツ制作」という自社が有利なネーミングと概念を打ち出し、積極的かつ辛抱強く提唱し続けることで競争優位を獲得していきます。

「UXデザインならP社、Q社、R社でしょう」に自社が選ばれなかった時、または他社に負ける時、「UXデザインコンサルティングなら自社、R社、S社が、特に自社が定評あり」と「デザインするだけではなく、コンサルティングに強い会社」を打ち出すことで自社の優位な土俵に客を引っ張

り込みます。

　両者ともに、月間検索数が低くなるため、当初は検索から流入はあまり期待できませんが、提唱し続けることで浸透させ、自身の手で土俵（市場）を創り出します。

　この第3回戦の戦略シートはまさにこの競合比較表となりますが、B to Bの場合、ターゲット顧客（例、担当部署マネジャー）が経営者に決裁を仰ぐ資料を作るのをイメージするのがよいと思います。

　ターゲット顧客がワンマン社長でない限り、自身に決裁権がない場合が多いので、「お題（ニーズ）の解決方法についてよく調べ研究した結果、有力候補を3社に絞り、この競合比較表のようにいろいろな角度から徹底比較した結果、A社を選択したいのですが、いかがでしょうか？」という資料を作成するのです。

　競争戦略がちゃんとできているか否かに加え、客のことをどこまで深く理解しているか否かを問われる資料作成です。そしてそれはマーケティング戦略立案のスキルそのものとも言えるでしょう。

外部に見せる競合比較表の作り方

　最後に競合比較表を内部資料としてだけでなく、外部にも見せる資料にする方法をお話しします。

「競争相手との比較を競争相手の名前も出して行う」やり方には、提示する場によって5つのレイヤーがあると考えられます。

競争相手の名前を出して競争比較を打ち出す5つのレイヤー
①広告で競争相手名を出して比較する（比較広告）
②自社ウェブサイトで競争相手名を出して比較する
③ダウンロード資料・ナーチャリングメールで競争相手名を出して比較

表を掲載

④販売店向けの制作物（紙のパンフレット等）に競争相手名を出して比較表を掲載

⑤社内資料と銘打って営業が紙の資料として客に見せ、回収する

　上位のレイヤーほど広く世の中に発信されるため、競争相手自身にも伝わる可能性が高く、リスクもあります。

①広告で競争相手名を出して比較する

　いわゆる比較広告です。日本ではほとんど行われませんが、欧米などではテレビ広告でも行われることがあります。

　日本で馴染みが薄いのは、日本人のメンタリティーとして「ライバルの名前を出して公の場で否定的な話をする」のは不快に感じられ、話をした人に対して否定的な印象を持つためです。

　テレビ広告や新聞広告でやる場合は、たいてい「自社商品□□と比較すると」と、他社でなく自社商品との比較になっていると思います。

②自社ウェブサイトで競争相手名を出して比較する

　これも日本では滅多に行いません。やってもたいていは競合A社、競合B社のように名前は記載していない比較表でしょう。

　しかし時々、他社の実名入りの競合比較表にウェブサイトで出合うこともあります。

　その場合は、評価が徹底的に客観的で公正である必要があります。そうでないと競争相手からクレームが来ます。業界関係者も見るかもしれないので、いい加減な比較表を記載すると記載した企業の信頼・レピュテーションに傷をつけます。

③ダウンロード資料・ナーチャリングメールに競争相手名を出して比較
　表を掲載

　個人情報を提供してダウンロードするので、一般の人が目にすること
はありません。

　自社に対して否定的見解を持つ人や競合他社の人がダウンロードする
ことはあまりないと思いますので、クレーム等のリスクは少ないでしょ
う。

　リードナーチャリング時のメール、特に自社への発注意向が生まれて
きたホットリードへのメールの中で、もしくはURLクリックで表示され
るコンテンツとして紹介するのも手でしょう。

④販売店向けの制作物（紙のパンフレット等）に競争相手名を出して比
　較表を掲載

　エンドユーザーである客に対してではなく、販売店・流通業者の人に
自社商品の特徴や魅力を説明する時、競合商品名を出して説明している
紙の制作物は結構あるでしょう。私自身、以前にかなり制作した経験が
あります。

　デジタルデータではなく紙なので、予期せぬ相手にまで広まってしま
うことは滅多にありません。逆に販売店の人が「実は社内資料なのです
が、あなただけにお見せしますね」と言って、商談の場で客に見せるこ
とはあるでしょう。

⑤社内資料と銘打って営業が紙の資料として客に見せ、回収する

　紙の資料としてプリントアウトした競争相手の実名入り比較表です。

　営業が商談の際、客に社内資料だと銘打ってこっそり見せます。その
場ではもったいぶって回収しますが、信頼関係のできている客に対して
は「あなただけにお渡ししますが、くれぐれも他の人に渡さないでくだ

さいね」と釘を刺します。

　退屈で回りくどい企画書を説明している間は興味なさそうにしていた客が、ペラ1枚の競合比較表を見せた途端、身を乗り出して来ることはよくあります。

　私自身もかなりやりました。

以上が第3回戦、3社（2社）による厳しい比較検討競争です。

　この競争はマーケティング部門が始め、途中で営業部門にバトンタッチし、営業部門が最後に決める競争です。本書は基本的にはマーケター向けの書籍ですが、この競争戦略は営業の方にも理解していただければ嬉しいですね。優秀な営業マンは、すでに実際のビジネスの中で行っているとは思いますが。

　またマーケターの方には、営業マンと密にコミュニケーションを取りながら進めて欲しい競争戦略です。

05 初回契約獲得後の後半戦：
自社を選び続けてもらう競争

　初回契約獲得はゴールではなく、中間折り返し地点です。エンゲージメントマーケティングのゴールはロイヤル顧客化、またはアンバサダー化です。

　ここでの競争は自社を選び続けてくれることです。客に満足させ続けることです。競争相手は消えたわけではなく、すぐ横に控えています。

　客が複数商品・サービスを併用する場合は、文字通りずーっと競争相手との客の奪い合いが続きます。満足感が希薄になったらすぐ競争相手に流れると考えるべきでしょう。

　ある意味、この競争の最大の敵は自分自身かもしれません。「効率よくサービス提供して、多くの営業利益を残したい」——悪く言えば「楽して儲けたい」という自身の心理との戦いです。

　ビジネスとして正当な欲求ですが、顧客満足と二律背反になることが多いのです。苦しくても顧客満足を第一に考え、その上で効率の良い利益追求を考えるのが基本スタンスです。

　マーケティングの最重要経験則の一つが「（何かの商品・サービスに対して）客が100％満足することはない」です。受注競争で負け続けている競争相手が難攻不落の強い相手に思えても「客は100％満足しているわけではない」ことを想起すれば、そこにチャンスが発見できるかもしれません。

　逆の立場で言えば「自社の顧客は満足度が高いため自社を使い続けて

くれるはず」と思い込み、「満足度が高いとは言え100％満足しているわけではない」ことを忘れると足元をすくわれ、ある日突然離反されたりします。

　最初から「客は皆、浮気者である」と考え、その「浮気者相手に高い満足度を低下させない」と考えたほうがよいと思います。

　後半も大別するとさらに3段階の競争に分かれると思います。段階によって提供する顧客満足の中身も異なります。

後半第1回戦：初期マスター段階での離脱阻止競争

　きちんと使えるようになること。使いこなすまでに、いろいろマスターしなければならないことが必要になる商品・サービスの場合、客が使えるようになるためのさまざまな知恵と工夫が求められ、これを怠ると早々に客は離反します。

後半第2回戦：顧客成功実現に向けた人材獲得・人材育成競争

　使いこなす段階から使い倒す段階になり、そもそもの起点となった当初のニーズ充足に成功すること。客のビジネス上の成功、客のそもそもの悩み解決・夢の実現まで支援すること。これに成功すればロイヤル顧客になってもらえます。課題はそれを実行できる人材の確保です。

後半第3回戦：成功拡大を目指したアンバサダー育成競争

　客自身がロイヤル顧客として使い続けることに留まらず、自社商品・サービスのために一肌脱ぐこと、それも自発的に喜んで。ユーザー会やコミュニティーで他の客の支援をしたり、元気づけたり、また自社商品・サービスの開発やマーケティングに良い提言をしてくれたり、さらに新たな客への推奨を行い、新規顧客獲得にも貢献します。

　それぞれの段階での競争戦略と顧客満足の中身を説明します。

06 後半第1回戦：初期マスター段階での離反阻止競争

　期待が最高潮に高まっているため感動的体験を提供するチャンスがある反面、**競争相手に客が流れるリスクの最も大きい段階**でもあります。

　ロイヤリティーもまだ発生しておらず、客は本当にこの商品・サービスを自身の課題解決のパートナーに選ぶか否か決めかねている段階なので、少しでも満足しないと簡単に離反します。使用開始後2週間〜2カ月で不満が顕在化し、離脱に至ることも多いでしょう。

　せっかく期待に燃えて商品・サービスと初対面してくれているのですから、期待を裏切らないことが大事です。

　人間同士と同じで第一印象が大きく影響します。「おーっ!! すげえ」「これって最高!!」「期待通り! いや期待以上!」と思ってもらうことが大事で、「上手く使えない」「使い方覚えるのが面倒くさい」「すぐ問題につっかかりイライラする」は絶対起こしてはならないのです。

　この段階でも一番重要なのは「顧客視線で考える」です。

　顧客とは自社マーケティング担当者の想像をはるかに超えて理解力がない存在だと考えるべきです。商品・サービス提供者側にいると「こんな簡単なこと」「誰でもすぐできるでしょ」に思えることが、顧客側には「難しすぎる」「説明書が何を言っているのかわからない」「すぐトラブルになりイライラする」となります。

大切なのは「誰にでも」わかること

　かつて私が電通の社員だった頃、社が業務に関する諸々の知識を社員に教え込む時の教材を「誰でもわかる」ではなく「サルでもわかる」としていました。内容も初心者でも本当にわかりやすいものでした。

　読む人に「全く知識がない」ことを前提にした説明でした。

　かつてドコモのケータイ電話で「iモード」が発売になった時、当時、同社で担当マネージャーだった夏野剛さんが「iモードの全ての説明書でIT用語一切禁止、一語も使用不可」にしました。ケータイでネットするなんて全くの未知の世界だったので、本当に客のことを理解した上での指針だったと思います。

　とにかくIT業界の人はIT用語を使い自身のITリテラシーの高さを意識的に、あるいは無意識のうちにさらけ出しますが、それは顧客視点とは真逆の態度です。

　直接の競争相手の初期使用方法についての説明資料は徹底的に研究して、実際に客に評価してもらいましょう。想定顧客へのインタビュー調査が理想ですが、数人に読んでもらって感想を聞くだけでも違います。「わかりにくい」ことがたくさん客の言葉から発見できるはずです。「わかりにくい」ことが全く出てこなかったらお手本として真似しましょう。直接の競争相手でなくても「わかりやすい」と定評のある使用説明書（ウェブページ）を研究するのも良いでしょう。

　またこの段階ではカスタマーサポートの力が重要です。「顧客、特に使い始めたばかりの顧客の理解力はびっくりするくらい低い」ことをよく理解している人が求められます。

　競争相手はすぐそばに控えています。客もまだ「お試し」気分なので簡単に離れことを念頭に置きましょう。「社員（派遣社員）の稼働を極力

（右余白・縦書き）
第3章　エンゲージメントマーケティングならではの競争戦略

抑えて、効率的な運営にして利益を出したい」「社員による直接対応は極力せず、ユーザー会の有志に対応を任せたい」という心境こそが最大の敵です。

「子供が小さい時は母親が寄り添ってあげるのが良い、いずれ自立していくのだから」とはよく言いますが、最初の付き合いはとことん寄り添ってあげるのが良いと思います。長い付き合い、場合によっては死ぬまでの付き合いになるかもしれないのですから、最初の1～2カ月は辛抱しましょう。

　以上は初期対応でネガティブな思いをさせないための施策ですが、逆にポジティブな思いをさせる施策も大事でしょう。「期待通り」ではなく、「期待以上」の体験をしてもらう工夫をすることです。Customer Satisfaction（顧客満足）ではなくCustomer Delight（顧客感動）の提供です。

体験価値を最大限に感じてもらうには？

　リードジェネレーション・リードナーチャリングと顧客になるまでにはすでに多種多様な価値訴求が行われていると思いますが（それが実ったから顧客化した）、実際に購入して使ってみないと体感できない価値もあると思います。体験価値を最大限感じてもらうサービスを企画しましょう。

　ここでも一番大事なのは「顧客視線で考える」です。
「顧客の期待通りの情報・サービスを提供しよう」で得られるものは顧客満足ですが、「顧客は自分が本当は何を期待しているのかわかってない可能性がある」と考え、「自分が一番期待したのはこれだったかも！」と驚きをもって初体験させる企画を考えるのです。その内容は商品・サ

ービスによって全く異なると思いますが、それが何であるかの手掛かり
はその驚きの初体験をした人の声の中にあります。

　満足度アンケートを実行している企業は多いと思いますが、その時に
併せて「買ってみて一番嬉しかったのはどんな時でしたか？」と自由回
答で聞くのです。少数であってもキラリと光るコメントが発見できるの
ではないでしょうか。
　マーケティングの手掛かりは常に客の肉声の中にあります。
　そしてその肉声は実体験者へのアンケートの自由回答によく現れるの
です。「満足度〇〇％だった」という数値の見るのではなく、100人のう
ちたった3人が言ったコメントに着目するのです。「70％の人はこう思
っている」という平均的大多数の気持ちを知ることももちろん大事です
が、マーケターにとって企画の突破口となる発見は往々にして少数意見
の中にあることが多いのです。

　何が驚きの初体験だったか判明したら他の人にも体験してもらう工夫
をしましょう。
　ウェルカム・パッケージ（プログラム）のようなサービスを企画して
みてはどうでしょうか。「せっかく買っていただいたのだから一度騙さ
れたと思ってこれやってみませんか？」と文字通り「サルでもわかる」使
用方法を案内して驚きの初体験へと誘導します。
　利用スキルが全く習得できてない人でもできるものに仕込んでおきま
す。Customer Delightが提供できるかもしれません。
「大きなお世話だ。私は自分が何をやりたいのかはっきりわかっている
のだから余計な話をするな」という顧客ももちろんいると思いますが、
そういう人は端からそんなウェルカム・パッケージ等使わないでしょう。
しかし皆がそうだとは限りません。「顧客は自分が本当に求めているも

のを理解していないことが多い」のはマーケティングの一つの真実なのですから。

驚きの初体験の提供に成功すれば、「上手く使えない」「使い方覚えるのが面倒くさい」「すぐ問題につっかかりイライラする」というネガティブな体験があったとしても、離脱せずにそれを克服しようというエネルギーが生まれるはずです。

「潜在顧客⇒見込顧客⇒ホットな見込顧客（買いたい気持ちの高まった見込顧客）⇒顧客」とお金と時間と手間暇かけてエンゲージメントしてようやく新規顧客となってくれた相手なのですから、ここで手放すのは本当にもったいないことです。新規顧客獲得コストは既存顧客維持コストの5倍〜25倍ということを思い出してください。

07 後半第2回戦：成功獲得に向けた人材獲得・人材育成競争

「一応使えるようになった」から「商品・サービスの価値をとことん享受」、すなわち「使い倒す」段階を経て、最初の動機となっていたニーズの充足に成功するに至ること。

「工場の省エネで満足のいく成果を出せた！」
「年間顧客離反率15％以下が達成できた！」
「ロイヤル顧客50万人を実現できた！」
「膝の傷みがほぼ解消された！」
「体重10kgの減量ができた！」
「憧れの渋谷区で夫婦2人の心豊かな生活を手に入れられた！」

　この成功まで手にすると、顧客のロイヤリティーは高く安定します。顧客にとってなくてはならないパートナーとなります。この成功により競争相手の存在はようやく脅威ではなくなります。

　しかし成功まではやはり競争です。そしてこの段階での競争は、人材獲得・人材育成競争だと考えられます。

　自社商品の特徴を売り込んで、売った後は「後はそちらの問題でしょ」と突き放すことが結構あったのではないでしょうか。

　「一応使えるようになるまでは面倒を見ますが、そこから先、あなたの

ビジネス課題が解決するか否かまでは知りませんよ」

「私たちはあくまで商品・サービスを提供すること。それによりあなたの悩みが解決したか、夢が実現したかはあなたの問題です。そこまでとても面倒を見切れませんよ」

となるのが普通でしょう。

こういった今までの一線を越えて、「あなたのビジネス課題が解決するまでお手伝いします」「あなたの当初の悩みが解決するまで、夢が実現するまで協力させてください」というスタンスで臨みます。それによりずっと自社を選び続けてくれる、よりLTVの高い顧客に育ってくれるのであれば、そのためのコストは十分ペイできるという考え方です。

カスタマーサクセスが日本でうまくいかない理由

カスタマーサポートではなく、カスタマーサクセスという概念が提唱されて久しいと思いますが、私もそれは正しいと考えています。エンゲージメントマーケティングはその方向に進むべきです。

では今日、日本でこれが上手くいっているでしょうか？
私はそうではないと感じています。

それは、これが言葉で言うほど簡単なことではないからです。
簡単でない原因は、この仕事を満足にやり遂げられる人材が足りないからです。
「自社商品の特徴の説明や使い方」を教えることはできても、客のビジネスの成功までを導く知恵やノウハウが自社社員にないためです。客の悩みの解決や夢の実現には、自社商品を使うことだけでは解決せず、客

のビジネスを深く理解した上で、さらにより多面的な視野・解決策が必要になることが多く、そこまで理解・習得するのは大変なためです。

　要するにカスタマーサクセスを満足に実行できる人が少ないのです。

　名刺にカスタマーサクセスと書いてある人はいますが、実態はカスタマーサポートとあまり変わらない人も多いのではないでしょうか。

　その背景には私はおそらく日本の、特に大企業の人材の流動性が少ないことがあると思います。一度大企業に入社するとたいていは定年まで在籍します。いわゆる終身雇用です。

　企業の中でさまざまな仕事を経験することはできますが、違う業種・違うビジネスを経験することはほぼ無理です。海外、特に欧米や中国のように有能な人材が転職によりさまざまな業種・ビジネスを経験することが少ないのです。

　カスタマーサクセスは、自社本業のビジネスだけできればよいだけでなく、他業種のビジネスも相応に理解しなければならないので、今よりもっと人材の流動性が高まらないと加速しないでしょう。

　こうした環境でも、カスタマーサクセスができる実力を持つ人はいるでしょう。しかし、そういう人はどの企業でも欲しいので、引っ張りだこになります。すなわち人材獲得競争となります。

　外から人材獲得できないのであれば、社内で育成することになります。やる気のある自社社員だけでなく、他の業界のビジネス経験があり他の業界のマーケティングを理解できる人材を採用し、育成します。

　育成にはお金・時間・人的リソースが継続的にかかるので、音を上げたら負けです。すなわち人材育成競争です。

　この競争のキーワードは、「ビジョン」だと思います。企業として、

企業トップとしてどれだけ人を惹きつけるビジョンを提示できるかが勝負でしょう。企業の名声や待遇は人材市場では重要ですが、一番重要なのは「その会社のビジョンに惚れてもらえるか否か」です。マーケター以上に企業トップの力量が試される競争です。企業トップが明快で魅力的なビジョンを出し、人材獲得・人材育成に投資をする継続的意志を持つことがこの競争での勝ちポイントでしょう。

人材獲得・人材育成を補完するひとつのやり方があります。
それは「顧客の力を借りる」です。
ユーザー会などの顧客コミュニティーの有効活用です。

自社商品・サービスを使う価値を最も実感しているのは自社社員ではなく、使い倒している自社顧客でしょう。使い倒しているくらいですから自社に対しては好意的態度のはずです。
彼らがさまざまな業種・ビジネスでの自社商品・サービスの利用価値を教えてくれれば、まだ使い倒すに至ってない顧客には大いに参考になると思います。彼らの体験談に励まされることも多いと思います。

「自社社員⇒まだ成功に至ってない顧客」ではなく、「すでに成功に至った顧客⇒まだ成功に至ってない顧客」という構造を、ユーザー会などの顧客コミュニティーの場で実現します。
コミュニティーマーケティングですが、これについてもう少し丁寧に説明しましょう。

08 後半第3回戦：成功拡大を目指したアンバサダー育成競争

「すでに成功に至った顧客⇒まだ成功に至ってない顧客」という構造を実現すると言いましたが、そんな都合よく事が進むのでしょうか？「すでに成功に至った顧客」は顧客であって、自社の社員ではありません。自社の思い通りに行動してくれる保証はどこにもありません。

「すでに成功に至った顧客⇒まだ成功に至ってない顧客」という構造を実現するには、「すでに成功に至った顧客」をモチベートする必要があるのです。「よし、まだ成功に至ってない他の顧客に教えてあげよう」という気持ちになってもらう必要があるのです。「無料で」です。

そのようなモチベーションが生まれるには、彼らのある心理を刺激しなければなりません。

「多くの人、それも社外の人に認めてもらえる」
「ちょっとしたスター気分になれる」
「社外にも自分が存在感を発揮できる居場所ができる」

といった欲求を満たしてあげるのです。

彼らのために輝かしい舞台を用意してあげ、彼らがスターになれるよう宣伝してあげることが自社の仕事です。セミナーで講演を依頼したり、大勢の前で表彰したりしてあげることも一手です。その裏方として、彼

らが幸せになれるように知恵を出し、汗を流しましょう。

　また、彼らの話に謙虚に耳を傾けましょう。自社商品・サービスの実体験者として「御社の商品、こうしたほうがよい」「御社のサービス、もっとこうなると嬉しい。いや、ぜひそうして欲しい」と彼らに提案してもらい、それを真摯に受け止める場を設けることです。受け止めるとは、ただ聞くだけでなく、実際に商品企画に反映させるのです。まさに自社マーケティングの一翼を担ってもらうのです。

「そんなこと無料でやるはずない」と言う方もいると思いますが、そうでもないですよ。

　人間は、自身が存在感を発揮できるとそれ自体が嬉しいものです。社内だけでなく、社外でも自分に敬意を払ってくれる居場所があるのは幸せなことです。そのためにも、「あなたは弊社にとって特別な人、かけがいのない人です」という気持ちを彼らに伝えましょう。そうやって良い関係を築ければ、コミュニティーの盛り上げ自体にも貢献してくれるでしょう。

顧客からアンバサダーへ

「よし、まだ成功に至ってない他の顧客に教えてあげよう」「顧客代表としていろいろ提案しよう」「コミュニティーの盛り上げにも一役買おう」という気持ちになった顧客をアンバサダーと言います。

　アンバサダーは顧客コミュニティーの中だけで自社に貢献するのではありません。コミュニティーの外でも貢献します。自身の友人・知人・仕事仲間との会話の中で、まるで自社社員であるかのように自社商品・サービスの存在を知らしめ、価値を伝え、推してくれます。

　ネットでの書き込みでも好意的書き込みをしてくれたり、否定的書き

込みに反論してくれたりします。自社のウェブサイトやセミナーで実名顔出しで体験談を話してくれたりします。

　一言で言えば「最強の宣伝マン」になってくれます。「最強」とはその商品・サービスの提供会社の人の発言でなく、第三者の人の発言なため情報の「公正さ」が担保され、より信じてもらえる情報発信者だという意味です。

　当然、「最強の宣伝マン」なので、新規顧客獲得にも貢献します。

　第三者が「この商品本当に使えるよ」「このサービスによって私はビジネスで成功できた」と自身の体験談として発言するのですから。

　特に買おうか他の商品にしようか迷っている人に対しては、絶大な影響力を持ちます。今はネットで検索すれば簡単にこの体験談が見つけられるので、新規顧客獲得マーケティングでも最強のパフォーマンスを発揮します。

　宣伝あるいは集客でマーケティングパフォーマンスを発揮してくれるアンバサダーを、競争相手以上に育成できたのか否か……それが究極の競争戦略です。

　強いパフォーマンスを発揮するアンバサダーを多数育成できた企業は勝者となり、育成できなかった企業は敗者となります。アンバサダーが次のアンバサダーを生み、次の成功者を生み、次の新規顧客を生むという最強の成長サイクルを生むためです。

　これが、エンゲージメントマーケティングです。

　ユーザー会などのコミュニティー運営の上手な企業は、このアンバサダーの生み出し方をよく心得ています。

レピュテーション獲得競争

「企業Aの顧客は輝いて見える」「企業Aの顧客になるとちょっとしたスターになれそう」

それに対して、

「企業Bには輝いている顧客がいないように見える」「企業Cの顧客からスターは生まれない」

という評価が広まると、当然企業Aの顧客のほうがよさそうとなるでしょう。

アンバサダー育成競争は、ある意味で企業のレピュテーション獲得競争でもあるのです。

アンバサダーをコミュニティーを通して育成していくのは、エンゲージメントマーケティングにとって生命線ですが、これを理解していないマーケターは大勢います。

実際、せっかく何年もかかって作り上げたコミュニティーをマーケティング責任者が交代した途端、止めてしまうことは結構起こります。

「自社は3000万人の主婦と向き合っている、800万人のニーズ顕在者にマーケティングしている。たった数十名の客（アンバサダー）になんか丁寧に向き合っていられるか。マーケティングは遊びじゃないんだ」といった具合にです。

まさに伝統的マスマーケティングの発想です。大企業で伝統的マスマーケティングで成功してきて事業部長や役員になっている人に顕著な考えだと思います。

こうした考えが100％間違いだというつもりはりません。エンゲージメントマーケティングではなく、伝統的マスマーケティングのほうが効果的なケースはたくさんありますから。しかし、このような固定観念で発想が固まってしまった人が、企業のマーケティングの責任者に居座り続けるのはリスクが大きいと思います。マーケティングは、本人が望むと望まざるにかかわらず大きく変化していますが、その変化を理解する頭も気持ちもないからです。

正直に言って、私は日本の大企業の将来をいつも心配しています。

最後に大事なことなので繰り返します。エンゲージメントマーケティングの最終ゴールは、大きなLTVをもたらしてくれるロイヤル顧客の育成・創出であり、さらには、自社に最強の成長サイクルをもたらすアンバサダーの育成・創出です。

この育成・創出に成功した企業が、マーケティングで大きなアドバンテージを獲得して勝者の座をつかみ、育成・創出に成功できなかった企業は、敗者への道を辿ります。

09 競争戦略の戦略シート

競争戦略の戦略シートを作成しましょう。

すでにお話ししている競合比較表に他なりません。

前半第1回戦から後半第3回戦まで、それぞれの戦略シートを作成例をつけて紹介します。

ターゲット戦略の戦略シートでもお話ししましたが、知見やデータが不足していても仮説として作成しましょう。そして実際に施策を実行し、PDCAを回す中で修正・バージョンアップを行いましょう。

図表3-2　競争戦略の戦略シート作成のポイント

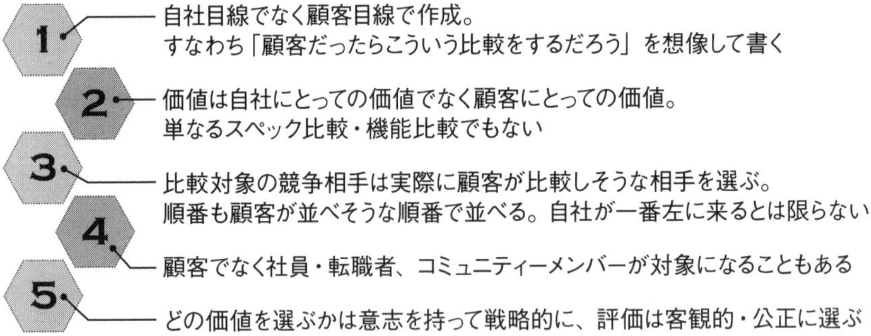

1 自社目線でなく顧客目線で作成。
すなわち「顧客だったらこういう比較をするだろう」を想像して書く

2 価値は自社にとっての価値でなく顧客にとっての価値。
単なるスペック比較・機能比較でもない

3 比較対象の競争相手は実際に顧客が比較しそうな相手を選ぶ。
順番も顧客が並べそうな順番で並べる。自社が一番左に来るとは限らない

4 顧客でなく社員・転職者、コミュニティーメンバーが対象になることもある

5 どの価値を選ぶかは意志を持って戦略的に、評価は客観的・公正に選ぶ

図表3-3　前半第1回戦「解決策間の競争」の戦略シート

顧客にとっての価値	解決策A	解決策B	自社提供の解決策	解決策C	解決策D
価値①					
価値②					
価値③					
価値④					
価値⑤					
価値⑥					

＜ケースの状況＞

　　当社はマーケティングオートメーション導入支援会社。商談数を大きく増やしたいという企業をターゲットとしている。商談数アップに一番貢献するのは、インサイドセールス新設または増員だが、何と言っても社員人件費は高いので、必ずしもコストパフォーマンスがよいとは言えない。

　　SEO、コンテンツマーケティング、運用型広告はリード獲得には効果あるが、商談に直結するとは言えない。セミナー・展示会は見かけのコストはかからないが、社員の人的稼働が多大で人件費がかかる。それに生身の人間が実行するので、規模拡大には限界がある。

　　だからマーケティングオートメーションを導入して、リードナーチャリングを強化するのが最も良い。商談に結び付くホットリードをたくさん創出できるからだ。

　　しかしいざツールを買い、実行しようとしても難題がある。マスターまでに習得しなければならないことが意外と多く、シナリオを考えるのも大変。そして何より相当多くのコンテンツを制作しなければならないが、これを社内で完結するのは極めて難しい。

　　だから「弊社がそれをクライアント企業になり代わって実行します」とアピールすれば、受注のチャンスはあるだろう。

　　同じようなサービスを提供している競争相手もいるので、それに関しては別途競争戦略を立てなければならないだろう。

図表3-4 「解決策間の競争」の戦略シート記入例

ホットリード創出で選べば絶対MA!

顧客にとっての価値	SEO・コンテンツマーケティング強化	運用型広告パフォーマンスアップ	セミナー・展示会の質・実施回数アップ	MA導入によるナーチャリング強化	インサイドセールス導入
新規リード獲得効果	◎	◎	○	×	×
新規リード獲得コスト	◎	△	△ 社員稼働人件費多大	×	×
ホットリード育成効果	○	×	○	◎	○
ホットリード育成コスト	○	×	○ 社員稼働人件費多大	◎	△
商談獲得効果	△	×	○	○	◎
商談獲得コスト	△	×	○ 社員稼働人件費多大	○	△ 社員人件費高い
効果顕在化までの期間	△ リード獲得までも商談までも時間かかる	△ リード獲得は早いが商談まで時間かかる	○	△ 習得・実行まで時間かかる	◎ 人材いれば成果直結で早い効果
人的リソース社内充足度	○	○	○	△ コンテンツ制作人材の実力・人数決定的不足	○ 早急にスキルアップすれば十分

懇切丁寧な導入支援と十分なコンテンツ制作支援をアピールしよう

図表3-5　前半第2回戦「有力候補への生き残り競争」の戦略シート

顧客にとっての価値	競合A	競合B	競合C	競合D	競合E	競合F	競合G	競合H	競合I	自社J
価値①										
価値②										
価値③										
価値④										
価値⑤										
価値⑥										
価値⑦										

選択理由＝比較・解説サイトでの紹介され方	○○で選べばA	○○で選べばB	○○で選べばC	○○で選べばD	○○で選べばE	○○で選べばF	○○で選べばG	○○で選べばH	○○で選べばI	○○で選べばJ

<ケースの状況>

　「ただ買うだけでなく時には買った金額のいくらかを寄付したい」という社会意識のある主婦をターゲットにしよう。寄付が可能な通販サイトは意外にたくさんある。その中で大手2社や特定商品に強いサイト1社は選ばれる可能性が高いだろう。社会貢献に特化したサイトも何社かあるが、その中の有力候補にどうしてもなりたい。

社会貢献系通販サイトは、たいてい食品ロス削減のため賞味期限間近の商品を10個、20個とまとめて箱買いする設計になっている。すでに有力な社会貢献系通販サイトが存在するので、当社としてはちょっと無理をしてでも1個、2個という小ロット買いができることを特徴としよう。そうでないと、たくさんの通販サイトの中で候補として選ばれる可能性はないだろう。たくさんの通販サイトの中で候補として選ばれる可能性はないだろう。「社会貢献ができて、しかも小ロット買いができるとなればJは外せない」と解説サイトに紹介されたい。

ただし、同じ社会貢献系通販サイトH、Iとは厳しい競争となり、残れるのは1社だろう。
　⇒第3回戦：3社（2社）による厳しい比較検討競争

図表3-6 「有力候補への生き残り競争」の戦略シート記入例

顧客にとっての価値	大手通販サイトA	大手通販サイトB	通販サイトC	通販サイトD	通販サイトE	通販サイトF	通販サイトG	通販サイトH	通販サイトI	通販サイト自社J
メジャー感安心感	◎	◎	○	○	○	○	△	△	△	△
全体的な品揃えの豊富さ	◎	◎	◎	○	○	○	○	△	△	○
得意な商品ジャンル	全てのジャンル	全てのジャンル	一流ブランド豊富	食品に強い	トイレタリーに強い	健康食品に強い	化粧品に強い	特になし	特になし	特になし
価格の安さ	◎	◎	○	○	○	○	大ロット買いで単価安い	大ロット買いで単価安い	大ロット買いで単価安い	大ロット買いで単価安い
ポイント還元率	◎	○	○	○	○	△	△	△	△	△
一流ブランド取り揃え	○	○	○	○	○	○	△	△	○	○
社会貢献イメージ	△	△	△	△	△	△	○	◎	○	○
リニューアル前商品多数	△	△	△	△	△	△	△	○	◎	○
食品ロス対応商品多数	△	△	△	△	△	△	○	◎	◎	◎
支援先団体の選択肢	◎	○	○	○	△	△	◎	◎	◎	◎
小ロット購買可能	◎	○	○	○	○	△	△	△	△	◎
選択理由＝比較・解説サイトでの紹介され方	通販サイトと言えばやっぱりA	通販サイトと言えばAも良いがBも良い	通販サイトで一流ブランドを買うならC	通販サイトで食品を買うならD	通販サイトでトイレタリーを買うならE	通販サイトで健康食品を買うならF	通販サイトで化粧品を買いたいならG	社会貢献できる通販サイトで定評もあるH	社会貢献できる通販サイトならリニューアル前商品も買いたいなら	大ロット買いが大前提の社会貢献系通販サイトで小ロット買いしたいならJ

図表3-7　前半第3回戦「3社（2社）による 厳しい比較検討競争」の戦略シート

顧客にとっての価値	競合A	競合B	自社
価値①			
価値②			
価値③			
価値④			
価値⑤			
価値⑥			
価値⑦			
価値⑧			

＜ケースの状況＞

　「今まで競合Aの車がライバルだと思っていたが、実はポジションが近いのはむしろB車だということがわかった。A車だけを意識するのでなく、むしろB車と比較された時にどう勝つかに注力しよう」

　「『トラブルが多く維持費がかかる』『下取り価格が低い』という弱点があるが、弱点克服は成功確率が低いため、強みをさらに強くする戦略としよう。
すなわち強みである『自分らしさが出せる（好ましい個性がある）』『スポーティーな世界観』『洗練されたスタイリングとインテリア』を再度徹底的に強化して、B車をこの領域で突き放そう。
広告やウェブサイト、スポーツイベント協賛といったコミュニケーションだけでなく、商品開発まで遡ってこの強みの再強化を図り、B社の追随を叩き潰そう」

図表3-8 「3社（2社）による 厳しい比較検討競争」の戦略シート記入例

顧客にとっての価値	ドイツ製高級セダン 競合A	ドイツ製高級セダン 競合B	ドイツ製高級セダン 自社
高級感・ステータス感「見栄を張れる」	◎	○	○
開発哲学に共感	◎	◎	○
自分らしさを出せる「好ましい個性を感じる」	△	◎	◎
スポーティーな世界観	△	○	◎
高性能圧倒的早さと安全性の両立	◎	◎	◎
洗練されたスタイリングとインテリア	○	○	◎
室内居住空間の広さ・快適さ	◎	◎	○
購入コスト	△	△	△
維持コスト・トラブルの多さ	△	△	×
下取り価格	○	△	△

これを強みに他2社でなく自社を選んでもらう

図表3-9 後半第1回戦「初期マスター段階での離反阻止競争」の戦略シート

顧客にとっての価値	自社	競合B	競合C
価値①			
価値②			
価値③			
価値④			
価値⑤			
価値⑥			
価値⑦			
価値⑧			

＜ケースの状況＞

「満遍なくそこそこの評価を取っている競合A、コンテンツが良いけど使いやすさやサポートに難がある競合Cに対して、決して初めてでもスムーズに使えるとは言えない当社を使い続けてもらうには、何よりカスタマーサポートの強化が必須。ユーザー会もなく協力してくれるベテランユーザーも少ない中、当社自身で『誰でもストレスなく使えるようになる』ため万全の体制を整えることが重要」

「近年、競合他社も収益確保のため自社社員によるカスタマーサポートからFAQの充実とユーザー会会員による自発的な協力にサポートを委ねがちだが、顧客アンケートしてみると、これの評判は良くない。『こっちがこんなにストレスになっているのに、提供会社は自身によるサポートを回避することしか考えてない。無責任だ』との声が多い。離脱要因にもなっているようだ。
競合社がその方向に向かっているなら、当社は逆に社員自身による責任あるサポートを強化してそれをアピールし、競合社からの顧客の離脱を促そう」

「また最初は多少のストレスはあっても、初期使用で感動的な出合いが演出できれば、辛抱して使い続けようとしてくれるかもしれない。最初に目にするインターフェイスで、『わー、これは凄い！』と感じる体験をしてもらえるよう工夫しよう」

図表3-10　「初期マスター段階での離反阻止競争」の戦略シート記入例

顧客にとっての価値	自社	競合ウェブサービスA	競合ウェブサービスC
いきなり感動的なインターフェイスに出合える	○→◎	○	○
他にはないコンテンツにいきなり出合える	○	○	◎
初めてでも使いやすい	△	○	△
使用ガイド（説明書）がわかりやすい	○	○	△
初期トラブルが少ない（ストレスを感じない）	△	○	○
カスタマーサポートに繋がりやすい	○→◎	○	△
カスタマーサポートの問題解決力が高い	○→◎	○	△
親切で有能なユーザーがいろいろ教えてくれる	△	○	△

図表3-11　後半第2回戦「成功獲得に向けた人材獲得・人材育成競争」の戦略シート

社員・転職者にとっての価値	競合A	自社	競合B
価値①			
価値②			
価値③			
価値④			
価値⑤			
価値⑥			
価値⑦			
価値⑧			

＜ケースの状況＞

　　皆が知ってる大企業Aはさまざまな点で強みがあり、まともにぶつかっても勝ち目はない。一方、競合B社はユーザー会の活かし方が上手く、社内リソースの脆弱さを戦略的に補完している。

　　当社の強みは創始者である社長の個性とビジョン。書籍を出版したり講演会を行ったりと社長自らアクティブに活動している。その反面、社員への処遇・待遇・福利厚生・労働環境は決して良くなく、退社する人も多い。頼りになるユーザー会も存在しない。

　　このような状況下、優秀な社員を獲得、育成、確保するには「この会社で働くと5年で確実に自らのバリュー（市場価値）が上がる」と思ってもらえるよう、思い切ったキャリアプランを計画・実行し、かつ研修・OJTを競合社以上に充実させるしかない。

図表3-12　「成功獲得に向けた人材獲得・人材育成競争」の戦略シート記入例

社員・転職者にとっての価値	競合IT ツールベンダー A（大企業）	自社	競合IT ツールベンダー B
企業のレピュテーション（ネームバリュー）	◎	○	○
トップのビジョンへの支持・共感	○	◎	○
処遇・待遇・福利厚生労働環境	◎	△	○
キャリアプランの充実	○	○→◎	○
研修のレベルの高さ	○	○→◎	△
OJTのレベルの高さ	○	○→◎	○
ユーザー会の会員数	○	△	◎
ユーザー会のアクティブ度	○	△	◎

図表3-13　後半第3回戦「成功拡大を目指したアンバサダー育成競争」の戦略シート

コミュニティーメンバーにとっての価値	自社	競合B	競合C
価値①			
価値②			
価値③			
価値④			
価値⑤			
価値⑥			
価値⑦			
価値⑧			

<ケースの状況>

A社は従来よりコミュニティー運営で定評があり、アンバサダーも数多く創出している。B社は大企業でコミュニティー会員数が断然多いが、コミュニティーメンバーのアクティブ度合いはあまり高くなく、コミュニティー内外の書き込みもメンバーよりB社の担当者の書き込みが多い。アンバサダー育成という点では成功しているとは言えない。あくまで目指すはA社と同等、できればA社を越えるアンバサダー創出を実現したい。

A社がウェブ上でのコミュニティー運営に力を入れているのに対して、当社はリアルな対面を重視したい。これからはA社以上にメンバーを身内として特別扱いして、彼らと一緒にリアルの場で知恵を絞り汗を流すことに尽力してみたい。ウェブでのコミュニティーよりはるかに手間暇がかかるが、その分、メンバーと我々、メンバー同士の熱い絆が作れるのではないか。

A社にアンバサダーの数では負けるかもしれないが、一人ひとりのアンバサダーの「熱さ」ではA社に勝ちたい。アンバサダーは数だけでなく「どれだけ熱烈なファンか」も勝負なのだから。

図表3-14 「成功拡大を目指したアンバサダー育成競争」の戦略シート記入例

コミュニティーメンバーにとっての価値	競合食品メーカーA	自社	競合食品メーカーB
コミュニティーサイト会員数（仲間・同志が多い）	○	△	◎
コミュニティーサイトの内部活性度（盛り上がっている）	◎	○	○
コミュニティーメンバーの外部への情報発信（喜んでシェア等）	◎	○	△
コミュニティーメンバーへの表彰制度の充実	◎	○	○
コミュニティーメンバーのオフ会への積極参加	◎	○→◎	○
コミュニティーメンバーのリアル販促イベントへの協力	○	○→◎	○
コミュニティーメンバーの商品開発への参加・提言	○	○→◎	△
アンバサダー（熱烈ファン）でいることの総合的嬉しさ	◎	○→◎	○

第 4 章

行程戦略全体と
リード
ジェネレーション

01 「行程細分化」という考え方

ターゲット戦略、競争戦略が固まったら、次はマーケティングの全体設計です。

顧客との最初の出会いからゴールであるロイヤル顧客・アンバサダーまでの長い関係構築、すなわちエンゲージメントを行程に区切って設計します。

図表4-1に示したように、行程によって、リードジェネレーション(第4章)～リードナーチャリング＆クロージング(第5章)～CRM(第6章)の3つの区分に分けて設計します。通常は、リードナーチャリングとクロージングは別の行程として扱いますが、本書ではあくまでマーケティングの書籍ですので、クロージングはインサイドセールスの話だけを行い、営業(対面営業やコールセンター)の話はしないため、1つにまとめました。

図表4-1　行程戦略のフロー

エンゲージメントマーケティングは長期間にわたるマーケティングなので、いくつかの行程に区切って戦略や施策を考えることが必要です。

リードジェネレーション〜リードナーチャリング〜クロージング〜CRMも行程を4つに分けたのですが、必要に応じてさらに行程を細かく区切ることもあります。これを「行程細分化」と呼びます。

マーケティングには元来「市場細分化」という概念があります。ひとつの商品を売る場合、買ってもらいたい相手を皆一緒、十把一絡げに扱うのでなく、複数の異なったグループに分け、そのグループごとに売り方を変える、もしくはひとつの特定のグループに相手を絞って売り込むというものです。

相手の属性や心理的特性・行動的特性・エリア的特性などを考えながらグループ分けします。

第1章のターゲット戦略が、ほぼこれに当てはまります。「商品カテゴリー□□を欲しい人全て」ではなく「商品カテゴリー□□に対して、○○を期待している◇◇のような人」と、買って欲しい（＝意識して売り込む）相手を絞ります。

エンゲージメントマーケティングでも市場細分化は必要ですが、もうひとつの細分化も必要になります。それが「行程の細分化」です。何と言っても同じ1人の人と長いお付き合いをするのですから。

最初の出会い、お互いの理解、競争相手の排除、関係を結ぶ、別れそうになっても何とか関係を続ける、切っても切れないかけがいのない関係になる……言わば人生における伴侶との長い関係作りのようなものです。それぞれのステージ、すなわち行程において、お互いにやるべきこと、意識すべきことは違います。

第3章で前半・後半を合わせて6つの競争について述べましたが、これを行程ごとのマーケティング施策という形で全体設計してみましょう。

　施策となると、マーケティングの内容を検討する以前に、一定の制約が発生します。行程によって取得できる顧客データが異なり、それにより打てる施策の選択肢が変わるためです。これを大別すると、次の4つの段階に分かれます。

①顧客データが何も取得できていない行程
　⇒これ以降、この行程の相手をポテンシャル（潜在顧客）と定義します。アプローチ次第で買ってくれる可能性のある相手ですが、現段階ではまだこちらの存在に気づいていない相手を指します。

②クッキーが取得できている行程
　⇒この行程の相手をビジター（訪問者）と定義します。

③個人情報が取得できている行程
　⇒この行程の相手を見込顧客、すなわちリードと定義します。

④購買データが取得できている行程
　⇒この行程の相手をカスタマー（顧客）と定義します。

①と②の行程……リードジェネレーション
③の行程……リードナーチャリング＆クロージング
④の行程……CRM

　とします。

ここまでが基本の行程細分化で、すでに基礎知識に属する考え方です。

　実際には必要に応じてさらなる行程細分化を行い、施策を相手との関係の深化に合わせて変えていきます。

　それぞれ、リードジェネレーション内での行程細分化、リードナーチャリング内での行程細分化、CRM内での行程細分化として説明します。

02 行程ごとのパーセプション

　行程によって施策を変えることになると思いますが、その際に私がぜひおすすめしたいのが、**行程のゴールを客の「行動」だけでなく、「心理」でも目標化**しておくことです。

「リードジェネレーションのゴール＝資料請求・カタログ請求・セミナー申込・問い合わせ等のコンバージョン」といった行動での規定だけでなく、「自社に対して○○のような認識を抱いてもらう」といった、いわゆるパーセプションでもゴールを規定すること。
　リードナーチャリング＆クロージング、CRMでも同様です。

　行動だけでなく、パーセプションでもゴールを規定するメリットは、次のようなものです。

①パーセプションでゴールを規定したほうが断然コンテンツのアイデアを出しやすい（本当です！）
②コンテンツ含む施策アイデアが妥当かどうか、獲得したいパーセプションに照らし合わせることで判断しやすい
③コンテンツ企画が多彩でバリエーション豊かなのにもかかわらずメッセージに一貫性が生まれ、相手に残せる印象は同じ。接触頻度の増加により強く深くなる

　①は一度やっていただけるとわかると思います。もしくはコンテンツ

の企画で飯を食ってきた広告代理店の知恵を信じてください。②も同様です。

③について少々説明します。

そもそもパーセプションというものは、一度や二度、ウェブサイトやメールを見ただけでは生まれないことが多いのです。パーセプションチェンジも然りです。「相手に何が何でもこのパーセプションを抱いてもらうのだ」という信念のもと、手を変え品を変えさまざまな表現で、かつ繰り返しアピールすることで何とか抱いてもらえるのです。

とりあえず、いくつかの表現パターンを作ってABテストをして、一番良いものを選んだとか、新たなメールを作って配信したけど今までのメールの開封率・クリック率より低かったからやめた、といった姿勢では、パーセプションを抱かせるまでに至りません。

そして「相手に何が何でもこのパーセプションを抱いてもらうのだ」という信念があれば、さまざまな表現に挑戦し続けることができ、その結果、多種多様なコンテンツを出すことになっても、それが「見る人にとってひとつの一貫したメッセージ」に映っているのです。

後ほど述べますが、信じるに足る目標パーセプションは、客観的な調査によって得られると考えています。順番に、ポテンシャル⇒ビジター⇒リード⇒カスタマーへの調査です。

グーグルアナリティクス等のウェブ解析ツールやマーケティングオートメーション、CRM等の行動データだけでマーケティングを組み立てるのでなく、調査、すなわち心理データも併用しながらマーケティングを組み立てるのが効果を発揮するコンテンツ、つまり成果の出せる施策を生むことになると考えています。

O3 リードジェネレーションの概要

では、「リードジェネレーション」から順番に説明しましょう。

図表4-2　行程戦略におけるリードジェネレーション

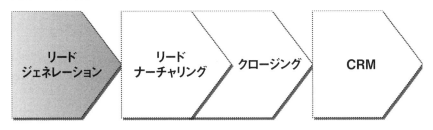

　これは、日本語訳では「見込顧客の創出」。買ってくれそうな客と出会い、その個人情報を獲得することです。すでにニーズが顕在化しているターゲットにアプローチしてウェブサイト来訪を促し、コンバージョンを獲得することはもちろん、未だニーズが顕在化していないターゲットにもアプローチしてニーズを顕在化させ、ウェブサイト来訪・コンバージョンに至らせるのもリードジェネレーションです。

　一度でも自社ウェブサイトに来訪してくれればクッキーが取得できるので、クッキー相手のエンゲージメントが可能になります（クッキーが今後も今まで通り使えるのか否かは何とも言えませんが）。しかし、まだ一度も来訪してくれてないポテンシャル顧客に対しては、インバウンドとアウトバウンドのいずれかの施策が必要になります。

インバウンドは、ポテンシャル顧客側が自身の情報収集意欲によって
こちらの存在に気づき、自社ウェブサイトを来訪してくれること。いわ
ゆる「検索」です。施策としてはSEO、コンテンツマーケティング、リ
スティング広告などです。

一方のアウトバウンドは、こちらからポテンシャル顧客に出向き、ア
ピールすることで興味を持ってもらい、自社ウェブサイト来訪を促すこ
とです。GDN (Google Display Network) やYDN (Yahoo! Display Ad
Network) 等のディスプレイネットワーク広告、テレビ広告等のマスメデ
ィア広告、ウェブ・マス問わずのPR活動、店頭・街頭イベント、プレ
ゼントキャンペーン等です。他社のメール配信サービスを使ったメール
配信もこれに属します。

セミナーや展示会は、解釈によってどちらとも言えます。情報収集の
ため会場に足を運んだ時に気づいてくれたという意味ではインバウンド
であり、積極的にリード候補の前にセミナー・展示会でアピールして気
づいてもらうという意味ではアウトバウンドです。

図表4-3　インバウンドとアウトバウンド

	インバウンド マーケティング	アウトバウンド マーケティング
基本姿勢	客からこちらに来てもらう ⇒客がこちらの存在に気付き、 　やってくる	こちらから客に出向く ⇒こちらから客に売り込みに行く
代表的施策	コンテンツマーケティング SEO、リスティング広告	テレビ広告、ディスプレイネットワー ク広告、メール、店頭・街頭イベン ト・プロモーション

そして、一度自社ウェブサイトを来訪したくれた相手に対しては、ビジターとしてクッキーを使ったエンゲージメントを行います。ウェブサイトのコンテンツやリターゲティングにより資料請求・カタログ請求・セミナー申込、プレゼントキャンペーン応募、問い合わせ等のコンバージョンに向かわせます。ウェブサイト行動履歴が取得できているので、相応のツールがあればコンテンツのパーソナライズも可能です。

　行程細分化という意味では、ウェブサイト初回来訪以前と以後の2行程に細分化されます。しかしウェブサイト来訪後もやり方によって行程細分化は可能です。

・初回来訪⇒リピート来訪
　施策例：直帰者以外のビジターに対して、リピート来訪を促すリターゲティング広告を行う。初回来訪時の閲覧コンテンツによってリターゲティングの表現内容をパーソナライズできればさらに良い。

・リピート来訪⇒コンバージョンページ閲覧
　施策例：コンバージョンボタンの目立つ設置といった通常の施策だけでなく、特定コンテンツページを〇回以上閲覧したビジターに対して、閲覧コンテンツにふさわしいコンバージョンへの誘導を狙うリターゲティング広告を行う、もしくは〇回以上閲覧時に閲覧コンテンツにふさわしい内容のコンバージョン誘導をその場でのポップアップ表示により行う（⇒ウェブパーソナライズ[※]）。

・コンバージョンページ閲覧⇒コンバージョン
　施策例：コンバージョンのフォームまで辿り着いたが途中で離脱したビジターを、有力リード候補としてリターゲティング広告し、コンバ

ージョンに至らせる。次回来訪時の LP（Landing Page）で離脱した
コンバージョンに再度誘導するバナーを貼るのもひとつの手です（⇒
ウェブパーソナライズ[※]）。

※ ウェブパーソナライズ：マーケティングオートメーションの機能のひとつ。特定の行
　動を行った人に対してだけ、その行動にふさわしいコンテンツをバナーで表示、ポッ
　プアップで表示、またはトップページのキービジュアル自体を差し替える機能。ツー
　ルで設定しておけば実行はツールが自動的に行ってくれる。

04 コンバージョンをたくさん・低単価で獲得することが全て？

　リードジェネレーションの目標は「リード獲得」です。ゆえにたくさんのリードを安く獲得するのがゴールと言えます。しかし、それだけでしょうか？

　第1章のターゲット戦略のところでターゲットを規定した時のことを思い出してください。エンゲージメントマーケティングの場合、ゴールは1回買って終わりではありません。ロイヤル顧客、アンバサダーにまでなってもらうことがゴールです。そうであるなら、獲得するリードはどんなリードでも良いというわけにはいきません。ロイヤル顧客・アンバサダーになってくれそうなリードをたくさん獲得することがゴールのはずです。

　それならば、ロイヤル顧客、アンバサダーが相当数獲得でき、その特徴的属性・行動が判別できていればその特徴に合致したリードを狙って獲得ということも可能でしょう。プライベートDMPを使ったLook Alike※の発見と入口に遡った獲得です。しかし、そこに至るにはかなりのデータ蓄積が必要となり、大きな投資と時間が必要でしょう。

　※ Look Alike：プライベートDMPで目標とする理想の顧客、ロイヤル顧客と似たような
　　特徴を持つ(Look Alike)潜在顧客を導き出し、彼らに照準を合わせてマーケティング
　　することで理想の顧客候補・ロイヤル顧客候補との出会いを実現。途中離脱の可能性
　　が少ない効果・効率に優れた集客、顧客育成が可能となる。

　しかし、このような仕組みがなくても、ロイヤル顧客・アンバサダー

候補となりそうなリードの獲得はできます。

　仮説でよいので、これらのゴールとなる顧客の属性・心理・行動をしっかり描いておくのです。少数でもロイヤル顧客、アンバサダーとおぼしき顧客にデプスインタビューをして、彼・彼女たちの実像とそうなるに至った経緯をしっかり脳裏に焼き付けます。生きている成功事例なので、そこに大きな手掛かりがあるはずです。**「マーケティング戦略立案で突破口が見えず先に進めない時は、リピーター顧客の話を聞け」**が私の信条ですが、これで突破できることが多いのです。

　彼・彼女たちの実像・経緯が見えたところで、改めて最初の出会いがどのようなものであったか明確化します。

　明確化とは「どんな属性の人がどんな心境の時、どんな情報収集行動によって出会ったか」を明確化することです。

　今日、見知らぬ企業や商品との出会いの圧倒的多くは「ネットでの検索」という行動によってなされています。グーグルアナリティクスで流入先を調べると、グーグルとYahooの自然検索 (organic search) とリスティング広告 (paid search) を足すと7割、8割を占めることも多いのではないでしょうか。そして、Yahooの検索エンジンもグーグルですから、まさに今日の「出会いの神様」はグーグルの検索エンジンだと言っても過言ではないと思います。

　よって、リードジェネレーションでの出会いの明確化にとって大事なのは、「どんな検索ワードでコンテンツを見つけたのか」であり、次に「そのコンテンツとはどのようなものであったか」です。

　すなわちSEMです。

　SEOとリスティング広告の検索ワードを別々にする意味はないので、「どの検索ワードで出合うか」という視点で考えてみようと思います。

05 出会う相手を選べる幸運と SEM

　デジタルマーケティングの大きなメリットのひとつである「メッセージする相手を戦略的に選べる」について説明します。ターゲット戦略や競争戦略を反映する検索ワードの設定についてです。

　電通のマーケティング担当だった時代、SWOT等で精緻に市場細分化を行っていざ施策化する時、テレビ広告等のマスメディア広告を企画するクリエイティブ・ディレクターから、「マスメディア広告は見てもらう相手を選べないの。皆が見るものなの。だから精緻にターゲティングするなんて無意味なの」と言われ、空しい思いをよくしていました。

　雑誌広告等はそれでもターゲティングはある程度可能でしたが、最強のテレビ広告はターゲティングできるとは言えません。もちろん大雑把な視聴者の選定はできますが、本当に大雑把です。

　そしてその大雑把に耐え切れず強引に選定しようとすれば、視聴単価（％コスト）が跳ね上がります。そこまでしてテレビ広告にこだわる理由があるのでしょうか。

マスメディア広告とウェブ広告の差

　私はやはりテレビ広告等のマスメディア広告は、マーケティングによる精緻なターゲット戦略と相性が悪いと思います。

　それに対して、ウェブの世界はターゲット戦略を反映させることが可能なのです。それは本当に素晴らしいことです。マーケターのひとつの大きな夢が実現したと言ってもよいでしょう。

しかし、いざSEO会社の人、運用型広告会社の人、あるいはウェブ制作会社の人と仕事をすると、この幸運をあまり幸運と考えてないのではないかと思うことがあります。

キーワードプランナーやサーチコンソールで関係ありそうなキーワードをコンピュータが出すままに山ほど出し、多少の整理・選定はするものの、基本的に月間検索数の多いキーワードから優先的に対処するという方法です。

この方法が間違いだというつもりはありませんが、そこにはターゲット戦略・競争戦略が反映されていません。同じ商品カテゴリーに属する商品なら皆同じになる検索ワード設定です。

「どんな人なら自社のユニークな強みを認識し買ってくれるか」「どんな人なら競争相手でなく自社を選んでもらえるか」「どんな人なら使って満足し、ファンになってくれそうか」という視点は検索ワードの議論では行わず、検索の結果見せるコンテンツで反映させればよいという考えです。

間違ってはいませんが、それはマスメディア広告と同じ発想です。「誰に見せるかは選ばない。皆に見せて、見せたコンテンツで訴えたいことを訴えればよい」という考え方です。マスメディア広告との違いは「皆に見せる」とは言っても、「対象商品に興味ある人皆に見せる」までは規定できることです※。

※ 伝統的マスマーケティングでは、対象商品カテゴリーが同じでも、自社の強みや市場・社会・時代の動向を考えて、競合商品とは異なった相手をターゲットとすることが多いのです。いわゆる市場細分化（セグメンテーション）です。市場細分化をせず、市場の平均的大多数を狙ってよいのは、圧倒的シェアを持つナンバーワン商品か、何の強みも持たず「安い近い」だけで売る追随者商品だけです。対象商品カテゴリーの平均的大多数をターゲットとするというのは、市場細分化を放棄したということです。

弱者ほど戦略的ターゲティングを

　月間検索数の多い検索ワードを中心に検索ワードを決めるということは、その商品カテゴリーの平均的大多数の情報ニーズに合わせるということであり、自社のユニークな強みが何であろうが、競争相手とどう戦おうとしてようがSEOの検索ワード、リスティング広告の検索ワードはそれとは無関係に皆同じとなります。同じ商品カテゴリーの商品であれば、どの商品も同じ検索ワード、自社の商品も競争相手の商品も同じ検索ワードとなります。

　これは「ウェブの世界は見せる相手を選べる」という強みを自ら放棄したことを意味します。

　競争戦略の強者であれば、市場のマジョリティー（平均的大多数）をターゲットにしているためこのような検索ワードの設定でもあまり問題はありません。

　しかし弱者の場合、多数の競争相手の中から自社を選んでもらうのは容易なことではないので、どうしても自社を選んでくれる可能性のあるポテンシャル顧客に狙いを定めてアプローチする必要があります。その場合、強者と同じ検索ワードで勝負するのは大変なのです。

　たとえば、検索者の目に留まらない下位の順位で掲載されたり、たくさんの競争相手の掲載結果の中で埋没する可能性があります。リスティング広告ではクリック単価の高い買い物になったり、コンバージョンは取れてもその先の顧客化・ロイヤル顧客化に至らないリードをたくさん獲得してしまう可能性もあります。

　つまり、弱者ほど見せる相手を選ばなければなりません。すなわち検索ワードを戦略的に選ばなければならないのです。

　では、どうしたらよいのでしょうか。

私は、マーケティングを行う企業側がマーケティング戦略をしっかり立てて、

「どんな人なら自社のユニークな強みを認識し買ってくれるか」
「どんな人なら競争相手でなく自社を選んでもらえるか」
「どんな人なら自社を選んで本当に良かったと思ってくれるか」

についてしっかりした見解を持った上で、SEO会社の人、運用型広告会社の人、ウェブ制作会社の人に仕事を依頼することだと思います。

　そして彼らが提案してくる検索ワード案について、マーケティング戦略の観点から徹底的に考察を加え、必要とあらば大胆に作り変えます。
　彼らが提案してくる検索ワード案は、基本的にはその商品カテゴリーに興味ある人の平均的大多数が行う検索に対応したものです。それに対して「自社の強みが最も強く端的に発揮される検索ワードは何か」「競争相手との競争で自社が有利になれる検索ワードは何か」という視点で切り込みます。双方にとってストレスの溜まる葛藤になるかもしれませんが、それは正しく必要な葛藤だと思います。

依頼する側に求められる柔和な態度

　依頼する企業側も柔軟な態度が必要です。「我々のマーケティング戦略から言うとこの検索ワード以外にない」と、理屈の上ではその通りだと思える検索ワードに固執するのは危険です。そのままだとキーワードプランナーでの月間検索数がゼロとなり、実行してみたら集客効果ゼロとなるリスクもあります。マーケティング戦略から戦略キーワードを規定することは重要ですが、実際のSEOやリスティングに落とす場合は、検索する人の視点に立って、その戦略キーワードをより検索しやすい言

葉に置き換えるとか、戦略キーワードが先鋭化しすぎている場合、その周辺の検索ワードまで取り込むといった柔軟な態度が必要です。

たとえば、ある美容院向けのヘアカラー商品があったとします。他社との差別化のポイント、自社のユニークは強みは「施術時のお客様への不快感をなくすこと」だとします。

理論上、戦略キーワードは「ヘアカラー　美容院向け　施術時の不快感除去」といったものになります。しかし、これをそのままキーワードプランナーにかけると、月間検索数はゼロになります。
「施術時の不快感をなくす」と言っても漠として美容師さんが自然と口にする言葉ではないので、改めてキーワードプランナーのキーワード候補を見て、「人間マーケター」として解釈します。そして、

「痛まないヘアカラー（480)」
「痛みにくいヘアカラー（210)」
「傷まないヘアカラー（140)」
「傷みにくいヘアカラー（90)」
「低刺激ヘアカラー（40)」または「頭皮に優しいヘアカラー（210)」
「地肌にやさしいヘアカラー（70)」
「敏感肌　ヘアカラー（70)」
「ヘアカラー　優しい(50)」

と美容師さん言葉でキーワードを再構築します。（　　）内はキーワードプランナーの月間検索数です。

美容院向けであることは商品名とセットで訴求します。「美容院（サロン）向けヘアカラー　○○」のようにです。ウェブサイトだけでなく

商品のパッケージにも明記したほうがよいでしょう。

　その上で「痛まない」「頭皮に優しい」をカテゴリーとして立てて、それぞれの関連キーワードまで意識してコンテンツを作ります。「痛まない」「頭皮に優しい」コンテンツだけでなく、サイトマップにも記載します。そのほうがグーグルの検索エンジンに認知されやすいからです。

　「ヘアカラー」または「美容院向け　ヘアカラー」を検索ワードとして、キーワードプランナーで調べると、月間検索数1000～6万のキーワードが300くらいも出てきますが、その中に「痛まないヘアカラー」「頭皮に優しいヘアカラー」は出現しません。平均的大多数の検索者の関心は別のところにあるということですが、そちらに合わせると自社の差別性を評価してくれる相手に出会える可能性が低くなります。

　SEO専門会社やリスティング広告会社の技と、事業者マーケターのマーケティング戦略とのぶつかり合いが、「現実にビジター数、PV、コンバージョンが稼げる」＆「マーケティング戦略を反映できる」の両立を実現するのだと思います。

　そして、それが単に「たくさんのコンバージョンを安い単価で獲得できる」に留まらず、「実際にライバルとの比較の上で、自社を選んで買ってくれる相手に出会う」、さらには「自社を買い続けて本当によかったと思ってくれる相手に出会う」というエンゲージメントマーケティングならではの出会いを創出するのだと考えています。

06 日本の観光協会公式サイトの金太郎飴的SEO

　皆さんは、次の旅行でどの観光地に行くか選ぶ時、どうしますか？いろいろな情報収集をすると思いますが、そのひとつとして、対象観光地のウェブサイトを目にすることもあると思います。それらの多くは、その観光地の観光協会の公式ウェブサイトです。そういったサイトのSEOについて、常々疑問に思っていることをお話しします。

　日本の各観光地の公式ウェブサイト（観光協会）を見て気づきませんか？皆一様に「泊まる」「食べる」「遊ぶ」「買う」「体験する」とか「名所」「祭り・イベント」「歴史」「アクセス」といったカテゴリーとなっていることが多くないでしょうか？

　サーチコンソールで流入ワードを調べると、圧倒的多数が指名ワード（観光地名）と上記カテゴリー名の組み合わせです。当然ながら、これに従うと、上記のような金太郎飴的カテゴリー名となってきます。

　これはどういうことかというと、「観光協会の公式ウェブサイトには、その観光地を知っている人しか訪れていない」ということです。誰でも知っているメジャーな観光地ならともかく、地元の人、県内の人しか知らない小さな観光地のウェブサイトも同じになってしまっているのです。

　その小さな観光地は地元の人、県内の人だけに来て欲しいのでしょうか？もちろん違います。県外・日本全国・海外からも来て欲しいのです。しかし現状のウェブサイト（英語版でも同じ）では、そうした遠くの潜

在顧客と検索を通して出会うことはないでしょう。観光客が次の観光対象を選ぶ時、圧倒的大多数が検索によって情報収集するにもかかわらずです。

他社による集客からの脱却

　現状のウェブサイトは新しい客と出会うことには貢献しておらず、すでに訪問先として選んだ後か最終的に選ぶかどうか迷っている時に、もしくはリピーターに、どう楽しめるか、宿をどこにするか選ぶ際の参考情報を得るために存在していると言えます。

　では、訪問先ないし訪問先最終候補として選ばれたのは一体どうしてでしょう。

　それは、旅行代理店や楽天トラベル・じゃらん等のサイトが、観光地に代わって集客してくれるためです。もしくは、メディアによる好意的記事・番組も集客に貢献するでしょう。

　要するに、ウェブマーケティングで自力で集客するのではなく、旅行代理店や旅行サイト、メディアに集客を依存しているのです。

　それで構わないのであればそれでもよいのですが、旅行代理店の手数料は20％にもなり、かつ旅行代理店が本気で売りたいのは、観光地ではなく、宿泊予約・交通手段予約です。

　旅行サイトによっては、「部屋数を相当数確保した上で手数料10％強、しかもどこより安く（自分が直接売るより安く）しろ」といった要求を宿泊施設にしてくることもあります。本当にそれでよいのですか？

強みを再度洗い出す

　国内宿泊者数減少傾向というトレンドの中（コロナのような最悪の環

境下でも)、意欲を持って困難に立ち向かい、もっと多くの観光客を呼び寄せたいと思っている観光業者は、私の知っている限り、ウェブマーケティングで自力で集客を図ろうとしていると思います。

そうした課題に対して、SNSのような飛び道具を使うことは重要ですが、基本は公式ウェブサイト、自社ウェブサイトで基盤を作ることが大事です。

その際にまずやらなければならないのは、自身の観光地の強み、それも観光客目線で見て他の観光地にない強みを徹底的に洗い出すこと。

自分たちはユニークな強みだと思っていたものが、観光客目線では「どこでも似たようなもの」「他に同じような場所はたくさんある」「日本の自然景観一般の特徴じゃないの」と感じられるものであったり、逆に自分たちでは当たり前過ぎて今さらアピールするのもためらわれたものの中に「えっ、それは面白い！」「そんなユニークなものがあるのに何でアピールしないの？」となったりするものも多いのです。

「日本の湖水地方」「日本武尊由来の祭り」「湯の神様が宿る温泉」「ph○○の強酸性温泉」といった特徴はターゲット客から見ると(誰をターゲットとするかにもよります。日本人とは限りません)ユニークですが、決して万人受けはしません。ユニークな強みは、たいてい観光客の平均的大多数が喜ぶ強みでないことが多いからです。平均的大多数が期待するユニークな強みなら、すでに世の中で知られていることが多いのです。

従って、「そのユニークな強みを喜ぶ少数の観光客」の目に留まらなければなりません。10人のうち9人、いや100人のうち99人は、たとえそのユニークな強みを知ったとしても他の観光地を選ぶでしょう。だからその10人のうち1人、100人のうち1人と出会わなければならないのです。それを可能にするのが、前述のマーケティング戦略を反映した

SEO、そしてそれに則ったコンテンツマーケティングだと考えます。

　ここに県内の人しか知らない温泉街があったとします。普通に通ると日本の地方のどこにでもある特別な名所もない小さな温泉街です。

　しかし、ひとつユニークな特徴があります。

　非常に強い酸性の温泉だということです。ph数値は日本屈指と言ってもよいでしょう。

　キーワードプランナーを使って検索ワードを調べると、やはり「観光名所」「遊ぶ」「食べる」「泊まる」「アクセス」といった検索ワードの検索数が圧倒的に多く、サーチコンソールで見るとそれらの検索ワードと温泉街名（指名ワード）の組み合わせがほとんどだとします。

　これにそのまま従うと、上記の検索ワードがそのままカテゴリー名となります。強酸性の話は、観光名所のカテゴリーの中の下部のほうのコンテンツで触れられているだけだとします。

　しかし、それでは最大の特徴である「強酸性の温泉」というユニークな強みを、それに価値を見出す人に伝えているとは言えません。そのような人は少数いますが、この温泉街の存在、ウェブサイトには気づかないでしょう。

　その少数の人に気づいてもらうには、「コンテンツのどこかでアピール」するのではなく、検索ワードでも気づいてもらうように仕組まなければなりません。「強酸性　温泉街」が戦略キーワードになりますが、キーワードプランナーで調べると、月間検索数はゼロです。意味を考え、もう少し広げましょう。

「強酸性　温泉（480）」
「強酸性　温泉　効能（40）」

「強酸性　温泉　ランキング (40)」
「強酸性　アトピー (30)」
「強酸性　泉 (30)」

　ですが、一方、「傷　早く治す (1300)」「切り傷　早く治す (1300)」もあります。

「強酸性　温泉」「切り傷等の傷を早く治す」を重要検索ワードとして訴求しましょう。コンテンツのどこかで訴求するのでなく、カテゴリー名としても、そしてサイトマップでも登場させましょう。

「この温泉街の温泉は傷を早く治す」とは薬機法上の問題で直接言えませんが、「強酸性の温泉は傷を早く治す」のは一般的な事実であり、一般的事実として訴求することによって、間接的ですが「傷を早く治したいなら強酸性の○○温泉街へ」と伝わるようにします。

　観光客だけでなく、温泉の専門家にも事実をはっきり伝え、「強酸性温泉　ランキング」等でしっかり上位表示してもらうようにもします。「◇◇大学×○○温泉の傷治療共同研究会」なるプロジェクトを立ち上げて、大学などの専門機関と組んで定期的にレポートを出すといったアイデアもあるでしょう。「切り傷」で当温泉の存在と価値に気付いてもらえれば、胃腸病やリウマチに効くことのアピールも届きます。

　誰でも行きたい人気の観光地ならともかく、大多数を占める普通の観光地の場合、競争戦略上は弱者のマーケティングを採らなければなりません。強みとターゲットを先鋭化したマーケティング戦略と、それに則ったSEO&コンテンツマーケティングで、自身の手で直接集客するのが良いと思います。リスティングで集客数を補完する時も、買う検索ワードは同じ考えで選びます。

07 リードジェネレーションで獲得するパーセプション

　リードジェネレーションの目標は、「資料請求」「カタログ請求」「セミナー申込」「プレゼントキャンペーン申込」「モニターキャンペーン申込」等でリードの個人情報を獲得することです。それは間違いありませんが、それは「行動」だけの視点です。「心理」の視点で捉え直すとどうでしょう？　たとえば、次のようなものになるでしょう。

「〇〇企業についてもっと詳しく知りたくなった」
「〇〇商品に凄く興味が湧いた」
「〇〇サービスを使ってみたいと思うようになった」

　これらがリードジェネレーションのパーセプション目標です。
　では、その目標パーセプションを発生させる、より具体的なパーセプションは、どんなパーセプションになるのでしょうか？　たとえば、次のようなものが考えられます。

「〇〇企業って◇◇領域に高い専門性を持っているんだな」
「〇〇企業って◇◇サービスで実に多くの実績があるんだな」
「〇〇企業って◇◇技術が他社以上に先進的だと思う」
「〇〇商品って私の◇◇したいという欲求を満たしてくれそう」
「〇〇商品って経営から指示されている課題◇◇の解決策のひとつとなるかも」
「〇〇商品って他のどの商品よりも品質が高そう」

「〇〇サービスって凄くパフォーマンスが高そう」
「〇〇サービスはとてもユニークで他のサービスでは全く代替できない
だろう」
「〇〇サービスは自社にぴったりのように思えてきた」

　これらの具体的パーセプションを相手に抱かせることが、結果として
目標パーセプションを抱かせることになるのです。
「具体的パーセプション」⇒「目標パーセプション」⇒「目標行動（コン
バージョン）」という因果関係となります。
　では、この具体的パーセプションはどこから発想するのでしょうか？
　どんな場合にでも使えそうな、言わばひな形とも言えそうなパーセプ
ションもありますが、それだけでは不十分です。第1章・第3章で述べ
たターゲット戦略・競争戦略から発想しましょう。
　ターゲット戦略作成事例（P.50 〜 51）からは、次のようなものが考え
られます。

「工場の省エネには新型コンプレッサー導入が効果的だと思う」
「〇〇塾は勉強意欲も自信も喪失した高校生をも救える指導をしてくれ
る」

　また、競争戦略作成事例（P.131 〜 140）からは、次のようなものが
考えられるでしょう。

「ホットリード創出効果を狙うならマーケティングオートメーションが
一番良い」
「他社より導入成功まで懇切丁寧に支援してくれそう」
「コンテンツ制作が得意で、社内のリソース不足を上手く解消してくれ

そう」
「1個、2個という小ロット買いが充実してそう」
「他のドイツ製高級車より自分らしさを出せそう」
「他のドイツ製高級車よりスポーティー」

　リードジェネレーションで獲得すべき具体的パーセプション候補は以上となりますが、中には、このパーセプションはリードジェネレーションでは獲得を目指さず、次の行程であるリードナーチャリングに任せるという判断もあるでしょう。

　このように目標のパーセプションを獲得するには、どんな具体的パーセプションを獲得しなければならないかをしっかり見定めておきます。必ずしもひとつに絞る必要はありませんが、プライオリティーをつけておく必要はあります。
　繰り返しになりますが、これが何のためかと言うと、企画制作すべきコンテンツに豊かさと一貫性を保つためです。
　マーケティング、中でもマーケティングコミュニケーションの課題は、パーセプションで規定したほうが、打ち手、特にコンテンツのアイデアが出しやすくなり、結果としてクリエイティビティー溢れるコンテンツがたくさん出てくることになります。

　また、発案されたコンテンツアイデアが課題解決に結び付くか否かを判断するにも、パーセプションで課題が規定されていればやりやすいのです。「そのコンテンツを見た相手が『他社以上に先進的だ』と感じてくれるだろうか？」と皆で検討すれば良いのです。慎重を期すなら、ターゲットとなる人に調査して、本当にそう感じてくれるか否か検証することも可能です。

加えて、獲得すべきパーセプションを決めておけば、どんなにコンテンツが多種多様に膨らんできても、相手に残す印象はブレません。パーセプションは一度や二度コンテンツを見ただけでは人の頭に形成されません。

　そのため、コンテンツの表現を手を変え品を変えて変化を持たせ、しかも継続的に訴え続ける必要があります。その時に狙うべきパーセプションが決まってないと、表現のバリエーションは豊かになったけど、「いろいろ言われて混乱した」「結局、何が言いたかったのかわからなくなった」「つまるところ何？　わからないよ」となる危険があります。

　マーケティングコミュニケーションはブレないこと、いろいろ言っても芯が定まっていることが効果に結び付くのです。

　リードジェネレーションの心理レベルの構造として、以下のように規定しておくとよいでしょう。

◎目標のパーセプション
「〇〇商品に凄く興味が湧いた。もう少し調べてみよう」

◎目標に寄与する具体的パーセプション（プライオリティー順）
①「〇〇商品の◇◇パフォーマンスは非常に高いと思う」
②「〇〇商品の□□機能は、他の商品にないとてもユニークなものだと思う」
③「〇〇商品の背後には、企業としての高い先進技術があるようだ」

08 パーセプションを決めるための調査

「どのパーセプションを狙うか」を決めるのは、今までのマーケティングで蓄積した何らかの知見があれば別ですが、調査をするのが良いと思います。調査をすれば「どういう具体的パーセプションがゴールとなるパーセプションを惹き起こし、コンバージョンに至らせやすいか」を客観的に解明できるためです。

リードジェネレーションの場合、ポテンシャル（潜在顧客）をまずビジター（訪問者）にして、リード（見込顧客）にまで持っていくので、この3層へのアンケート調査ができると理想的です。

・ポテンシャル
　⇒通常のウェブ調査（誰でもではなく、買ってくれる可能性がある人を対象者に選定）
・ビジター
　⇒特別の仕掛けが必要（後述）
・リード
　⇒リードに対してメール等でアンケート依頼をして賛同者に実施

ビジターへのアンケートも可能ですが、簡単とは言えないのでまずポテンシャルとリードに調査することを考えます。ポテンシャルが抱いている企業・商品へのパーセプションとリードが抱いている企業・商品へのパーセプションを比較するのです。リードジェネレーションのゴールはリードを生むことなので、後者がゴールであり、前者がスタートです。

図表4-4　ポテンシャルとリードとのパーセプションの比較

	ポテンシャル	リード	差分	プライオリティー
パーセプションA	50	80	30	○
パーセプションB	20	30	10	
パーセプションC	10	80	70	◎
パーセプションD	20	60	40	○
パーセプションE	5	35	30	
パーセプションF	70	70	0	

　リードは、コンバージョンして時が経たないリードが良いでしょう。リード期間が長い商品だとリードになりたての人のパーセプションと買う気満々になった人、すなわちホットリードのパーセプションは大きく異なることが多いためです。

　プライオリティーは、「差分が大きいか小さいか」と「ゴールであるリードのスコアが高いか低いか」で判断します。ポテンシャルの段階では低いが、リードになると劇的に高くなるパーセプションが一番獲得する効果が大きいためです。「差分は大きいが、リードの多くはそんなパーセプションを抱いていないためゴールにする意味が薄い⇒パーセプションE」「リードの多くは抱いているが、すでにポテンシャルの段階でも抱いているので敢えて取り組まなくてもよい⇒パーセプションF」といったようにです。

　大局的にはこれで良いのですが、一度ウェブサイトに来てもらうまで

のマーケティングと、一度ウェブサイトに来てもらった人をコンバージョンさせるマーケティングを分けて考える、すなわち行程細分化して考えようと思った時は、もう少し複雑になります。

　ポテンシャルとリードだけでなく、その間のビジターへも調査することになります。

図表4-5　ビジターも含めた調査

	ポテンシャル	ビジター	リード	判断
パーセプションA	50	75	80	ビジター化に注力
パーセプションB	20	30	30	―
パーセプションC	10	45	80	両行程で重要
パーセプションD	20	30	60	リード化に注力
パーセプションE	5	20	35	―
パーセプションF	70	75	70	―

　パーセプションCは、「ポテンシャル⇒ビジター」でも「ビジター⇒リード」でも最重要課題ですが、パーセプションAは「ポテンシャル⇒ビジター」のみ重要課題、たとえば広告やSEOの強化が課題となります。

　またパーセプションDは「ビジター⇒リード」のみ重要課題、たとえばコンテンツマーケティング、導線設計の強化が課題となります。

　ビジターに対して、さらに行程細分化も可能です。

図表4-6　ビジターについて細分化した調査

	初回訪問のみ（直帰除く）	○○ページ複数回閲覧	フォーム閲覧離脱	コンバージョン
パーセプションA	70	75	80	80
パーセプションB	30	30	30	30
パーセプションC	30	45	60	80
パーセプションD	25	30	45	60
パーセプションE	10	20	30	35
パーセプションF	70	75	80	80

「初回訪問⇒リピート訪問」を促す施策、たとえば初回訪問者へのリターゲティングのコンテンツはパーセプションCを狙う表現にしましょう。「リピート訪問⇒フォーム閲覧」を促す施策はパーセプションCに加えパーセプションDを強化してコンバージョンを狙うコンテンツを、リターゲティングや閲覧時ポップアップで伝えましょう。

「フォーム閲覧離脱者⇒コンバージョン」を促す施策も同様にパーセプションCとパーセプションDを強化してコンバージョンを促すコンテンツを、リターゲティングや次回訪問時のランディングページへのキービジュアル自体で伝えましょう[※]等。

※ マーケティングオートメーションツールのウェブパーソナライズ機能（前述）。

　ここで疑問に思われるのが、そもそもどうやってビジターに調査するのかでしょう。

それは、ウェブ閲覧データとアンケートデータを統合する仕組みがあればできます。クッキーに紐づいた調査パネルを大量に保有しているとか、ウェブサイト閲覧者へのバナーやポップアップ、あるいはリターゲティングでのアンケート依頼です。調査会社であるクロス・マーケティング社などがその仕組みを保有しています。

　この調査の数値が目安となり、毎月毎月新たに訪れるビジターへのパーセプション課題となりますが、施策を実行することにより数字の出方が変わる可能性があります。また、競争相手が影響力のある施策を打ってきた時や、市場環境そのものが変わるような変化が起きた時は数字の出方が変わるでしょう。従って、調査は1回やって終了ではなく、毎年やるのがよいでしょう。

　リードジェネレーションに限らず、ウェブマーケティングはグーグルアナリティクスなどのログデータ分析だけでなく、ログデータとアンケートデータを繋げて統合分析することが、さらなる飛躍をもたらすと私はいつも考えています。

09 リードジェネレーションでリアル
手法やマスメディアを使う意味

　今日のマーケティングにおいて、主力施策はデジタル、すなわちウェブマーケティングだと思われますが、万能というわけではありません。

　ウェブマーケティングの弱点は、1回の接触によるインパクト、心理変容力が弱いことです。その弱点を補完するのがリアル手法です。

・展示会
　⇒ライブならではのインパクトがあり印象に残りやすい。
・セミナー
　⇒相手先社員から直接話が聞けるため印象に残り、かつ親近感が湧く。
・説明会
　⇒企業・学校訪問で一気にリアリティーが湧き、親しみも湧く。
・コールセンター
　⇒電話で客に直接説得できるので効果的。
・店頭イベント・ツール
　⇒勢いでついつい引き込まれ登録していまいがち。
・無料体験会
　⇒商品に直接触り試用できるので、購入意欲がかき立てられる。
・紙のカタログ提供
　⇒紙ならではの「ありがたみ」があり、大切にとっておきたくなる。
・紙のダイレクトメール（DM）
　⇒eメールより「おもてなし感」が出せる。最近はパーソナライズ
　　も容易でスピーディに実行可能。

リアル手法はウェブでの訴求より強力ですが、お金と人的稼働（人件費）がかかります。リード獲得数が足りないからといって乱発すると収益が悪化し、社員が疲弊します。あくまでウェブマーケティングの補完と考えたほうがよいでしょう。

テレビ広告などのマスメディア施策は、圧倒的リーチと強力なインパクトを発揮しますが、ウェブと比較すると途方もない費用がかかります。数億円〜数十億円を覚悟すべきですが、ムダも多いのが実情です。

今日のマーケティングでテレビ広告などに頼らざるを得ない時は、以下のような場面に限られます。

①短期間に大掛かりなブランディング課題を達成する必要がある時
　新商品発売後、1カ月以内に主婦の80％に認知させるなど
②商品特徴での差別化が難しく、細かな商品情報より存在感の大きさで
　競争優位を獲得したい時
　⇒第3章「競争戦略」のマインドシェア戦略を参照
③70代を中心とした高齢者に、ダイレクトレスポンス広告を打つ時
　健康食品や化粧品等をインフォマーシャル広告で直接販売など

新聞はもちろん、テレビも若い世代のテレビ離れが進み、さまざまな動画コンテンツもネットを通じて見るのが普通になってきた今日、マーケティングにおけるマスメディア広告の役割は年々縮小しています。

すでにマーケティング手法の主役はウェブマーケティングになっていると思いますが、上記のような場面で、特に同業他社がテレビ広告をやっていない時には、きめ細やかなウェブマーケティングがばからしくなるような途方もない効果を発揮することがあるため、選択肢のひとつとして頭に入れておいたほうがよいでしょう。

10 リードジェネレーションの
戦略シート

　今まで述べてきたように、戦略シートの核は行動と心理（パーセプション）で記載します。

　スタート時点での行動・パーセプションをリードジェネレーションで変化させ、ゴール地点の行動・パーセプションを目指す構造です。

　そして、そのためにどんな施策を打つべきか考えます。施策は「コンテンツ（具体的には何を伝えるか）」と「手法（どんな手法で伝えるか）」の2者で記載します。このフレームは、電通が考案したTPCM（p.260参照）に基づきます。マーケティング・コミュニケーションの計画は4つの要素、Target、Perception、Contents、Meansを策定するというものです。

　元々はテレビ等を使った広告キャンペーンの計画立案で使うことを想定したものでしたが、実際にはブランディング、リアルの販促活動、マスメディア×リアルの統合プロモーションでも使えます。もちろんデジタル（ウェブ）マーケティングでも使えますが、ご存じのように、デジタルマーケティングは行動データでPDCAを行うので、実際はほとんど使われてないのが残念です。

　エンゲージメントマーケティングは、長い期間、客の心理・行動の変化に合わせて施策を変化させながら実行するので、1回のパーセプション・行動の変化でゴールには到達しません。刻む必要があります。行程細分化に合わせてTPCMを数珠繋ぎにします。

ここではリードジェネレーションのTPCMを作成しますが、リードジェネレーションを2つの行程に細分化しましょう。潜在顧客（ポテンシャル）からウェブサイト訪問者（ビジター）になるまでと、ウェブサイト訪問者（ビジター）が見込顧客（リード）になるまでの2つです。

　試しに作成してみましょう。

　せっかくなので、テーマもこの本の内容に沿った事例にしましょう。コンテンツマーケティング会社、それも行動データだけでなく心理データも使ってコンテンツマーケティングすることを売り物にした会社の事例としてみます。ここでは、仮にそれを「コンテンツマーケティング2.0」というキーワードで提唱しているとします。

　訪問者が見込顧客になるまでの戦略シートは、次ページに掲載しておきます。

図表4-7　「潜在顧客⇒訪問者」の戦略シート

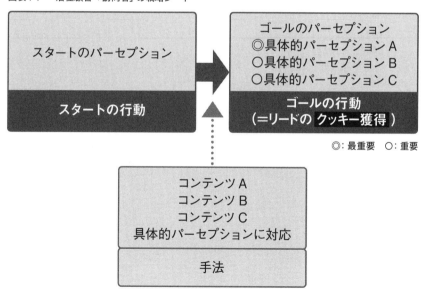

図表4-8 「訪問者⇒見込顧客」の戦略シート

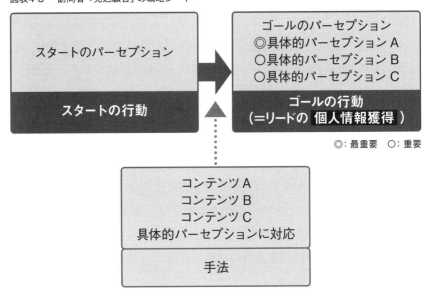

スタートのパーセプション

スタートの行動

ゴールのパーセプション
◎具体的パーセプション A
○具体的パーセプション B
○具体的パーセプション C

ゴールの行動
（＝リードの 個人情報獲得 ）

◎：最重要　○：重要

コンテンツ A
コンテンツ B
コンテンツ C
具体的パーセプションに対応

手法

図表4-9 「潜在顧客⇒訪問者」でのパーセプションとコンテンツの具体化

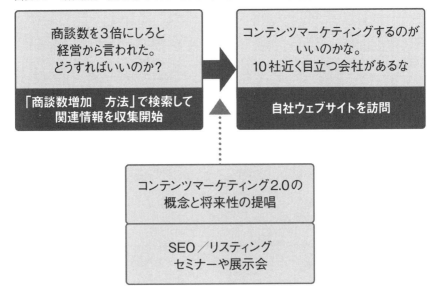

商談数を3倍にしろと
経営から言われた。
どうすればいいのか？

「商談数増加　方法」で検索して
関連情報を収集開始

コンテンツマーケティングするのが
いいのかな。
10社近く目立つ会社があるな

自社ウェブサイトを訪問

コンテンツマーケティング2.0の
概念と将来性の提唱

SEO／リスティング
セミナーや展示会

図表4-10　パーセプションとコンテンツをもう少し具体化する

商談数を3倍にしろと経営から言われた。どうすればいいのか？	コンテンツマーケティングするのがいいのかな。10社近く目立つ会社があるな ◎Z社の2.0が気になる ○Z社の企業理念に共感できる
「商談数増加　方法」で検索して関連情報を収集開始	自社ウェブサイトを訪問

◎：最重要　○：重要

◎コンテンツマーケティング2.0の概念と将来性の提唱 ○これからのデジタルマーケティングは行動だけではなく心理も注視すべきという企業理念
SEO／リスティング セミナーや展示会、プレスリリース

図表4-11　「訪問者⇒見込顧客」でのパーセプションとコンテンツの具体化

コンテンツマーケティングするのがいいのかな。10社近く目立つ会社があるな	X社とY社とZ社が気になる。3社を深く検討してみよう
自社ウェブサイトを訪問	資料ダウンロード・セミナー申込

コンテンツマーケティング2.0の概念と内容紹介 Z社の実力・実績
ウェブサイトのコンテンツ リターゲティング セミナーや展示会

図表4-12　パーセプションとコンテンツをもう少し具体化する

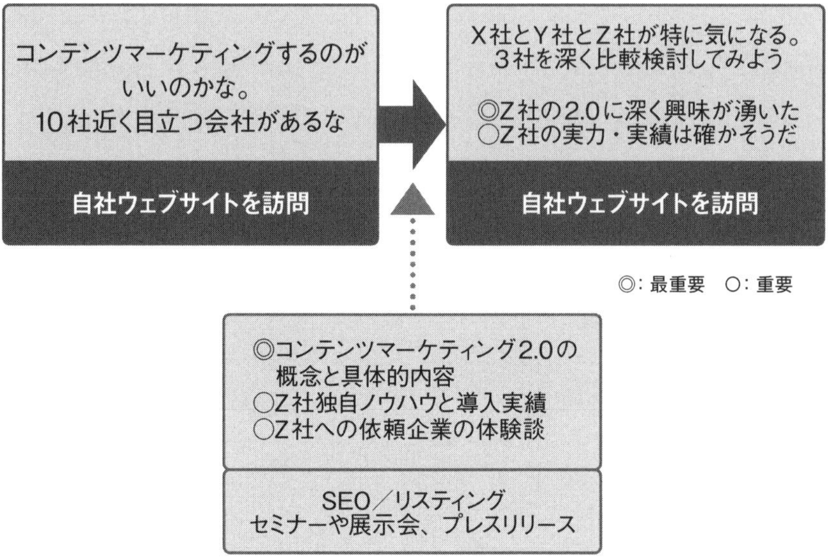

コンテンツマーケティングするのが いいのかな。 10社近く目立つ会社があるな	→	X社とY社とZ社が特に気になる。 3社を深く比較検討してみよう ◎Z社の2.0に深く興味が湧いた ○Z社の実力・実績は確かそうだ
自社ウェブサイトを訪問		自社ウェブサイトを訪問

◎：最重要　○：重要

◎コンテンツマーケティング2.0の
　概念と具体的内容
○Z社独自ノウハウと導入実績
○Z社への依頼企業の体験談

SEO／リスティング
セミナーや展示会、プレスリリース

第 5 章

リード
ナーチャリング
＆
クロージング

O1 新参者のリードナーチャリング

図表5-1　行程戦略におけるリードナーチャリングとクロージング

　リードジェネレーション、あるいは通常の営業活動で獲得したリード（見込顧客）に対して、さらに深く突っ込んだコミュニケーションを継続し、「今すぐ買いたいリード」「もう商談を開始したいと思い始めたリード」、すなわちホットリードに育成するマーケティングです。

　リード化した段階ですでにホットリードの人がいれば、それを判別して即営業に送客することもあります。

　クロージングは営業活動によって契約獲得を達成することですが、必ずしも対面営業だけではありません。非対面営業が重要な役割を果たします。ネットで直接販売するECや従来のコールセンターも非対面営業ですが、ここでは今後ますます重要なミッションを遂行することになるインサイドセールスについてお話しします。

リードナーチャリング導入でよくあること

　リードナーチャリングというマーケティングは以前は存在しませんで

した。マーケティングオートメーション、またはそのプロトタイプとも言えるメールマーケティングの浸透によって生まれたマーケティングです。言わば新参者で、往々にして新参者は古参者に良く思われません。

スタートアップ企業や新規事業立ち上げ等の場合は、最初からリードナーチャリングを前提に組織が組み立てられるので問題はありませんが、すでに事業としての歴史があり、営業要員が十分にいる場合は、スタートから困難に直面します。少なくとも重要な役割を演じることはできません。

営業が社内の場合は、次のようになりがちです。

「リードナーチャリングなんてわけのわからないことマーケ部門がやろうとしているようだが、そもそも俺はマーケなんて信用してない」
「マーケ部門はリードをたくさん獲得してくれればそれでいい。そこから先は俺たち営業がやるので邪魔するな」

営業が外部の販売代理店の場合はさらに過酷です。

「客と話すのは俺たちの仕事。俺たちの頭ごなしに客と直接対話するなんて許せない。俺たちの聖域に土足で踏み込んでくるな」
「ひょっとして俺たちをリストラしようとしているのか。それなら断固抵抗する。俺たちの大切な利権を死守するために」

となるでしょう。これは実際、多くの業界で起こっていることです。
その結果、「マーケ部門がリードナーチャリングでリードを育成してホットリードになったら営業に送客して、その後は営業が契約を獲得するまで邁進する」といった本来の協業体制になかなか至りません。大体

183

以下のような事態になるのではないでしょうか。

・リード獲得後、すぐ全リードに営業が電話か営業メールをかける。すなわちリードナーチャリングを全く当てにしない。マーケ部門がナーチャリングメールを打とうにも、怒涛のような営業メールに埋もれ存在感を発揮できない。あるいは営業から露骨に「ただでさえたくさんメールしているのだからこれ以上メールするな」と釘を刺される。
・リード獲得後、一斉メール配信によるメルマガを送付し、開封やクリックのあった人をリスト化して営業に送る。もしくはスコアリング30点といった低いハードルを設定し、少しでもアクティブと思われたらすぐ営業に送客する。すなわち、リードナーチャリングを多少なりともしっかりしたリードか否かのふるい分けに使う程度。

「リードナーチャリングなんて存在しなくても、営業が売るから大丈夫」という考え方です。すでに多くの営業要員（コールセンター含む）を有している企業や、今まで販売を販売代理店に完全に依存してきた企業だと、その可能性が高いでしょう。

　当然の結果として、「ITツール（マーケティングオートメーションやSFA等）を入れれば、営業要員の数を減らしても契約数は増やせる」「営業の人的稼働・属人的スキルに過度に依存しない効果・効率の良いビジネスに生まれ変わる」「営業の生産性向上」といった当初の経営者の目論見は外れます。

　しかしここは、「新参者は苦労するもの」と腹をくくって、マーケ部門が自らのポジションを作っていくしかありません。そして、そのことを経営者は理解して応援しなくてはなりません。

02 リードナーチャリングの 社内浸透ステップ

　リードナーチャリングチームが自らの存在感を増し、本来の役割を発揮するに至るには3つのステップがあると考えています。

ステップ1：リードナーチャリングが必要な今日的理由の理解浸透
ステップ2：リードナーチャリングからクロージングへのバトンポイントの漸次変更
ステップ3：小さな成功事例を横展開

ステップ1：リードナーチャリングが必要な今日的理由の理解浸透

　リードナーチャリングが今日必要なのは、顧客の購買行動の変化に適合するためです。

「営業と接触して情報収集する」⇒「自分でネット等を使って情報収集する」へと購入プロセスにおける情報収集方法の変化があり、結果として「営業と接する時にはほぼ買いたいものが決まっている」状態へとなります。知りたいことのほとんどはネットで検索できます。

　企業のセールストークでなく、実際に使った経験のある人の話も簡単に探すことができます。営業の人と話なんかしなくても、十分に情報が収集できるのです。

　ここで客の気持ちになってみてください。まだ買う決心もついてない段階で、営業から電話やメールで売り込みをされたら、どんな気持ちに

なりますか？ 「ウザい」ですよね。無視したくなりますよね。「本気で買う気になったらこちらから連絡するから、それまで必要以上に近づくな」と思うのが自然な心境です。

　すなわち、**営業と接する「前」が勝負**なのです。
　以下は、マルケト（アドビシステムズ）の資料です。

図表5-2　営業活動における10年前と今日の差異

　B to B、B to C、さらには業種業界によっても違いはあると思いますが、リードの商品購入検討プロセスの大半（6〜8割）は営業と接する前に終わっているのです。そうであれば、営業と接する以前に「自社を選んでもらう」、少なくとも「有力候補筆頭かせめて2番手になる」施策が必要となります。すなわち、リードナーチャリングが必要となります。
　今、リードナーチャリングをしなければならないのは、新しもの好きのトップが新しいITツールを導入したいためでもなく、デジタル好きな若手が自身の得意技を発揮したいためでもなく、客がそれを望んでいるためだからです。
「本気で買う気になったらこちらからアプローチするから、それまではこちらで勝手に情報収集させてくれ。ウザくない程度に欲しい情報だけ

もらえるのだったら、それは嬉しいが」という客の欲求に応えてあげるためです。

そのことをまずはっきりさせるのが最初の第一歩でしょう。

ステップ2：リードナーチャリングからクロージングへの バトンポイントの漸次変更

リードナーチャリングで難しいことのひとつが「ホットリードの判別」です。営業部門がマーケ部門のリードナーチャリングを信用しきれない要因のひとつが、「営業する価値のあるリード」と「今、営業しても成果が期待できないリード」をマーケ部門が正しく判別できていないのではないかという不信です。

その不信感は、あながち間違いではありません。実際に正しく判別できてないことが多いからです。マーケティングオートメーションをすでに導入している企業の多くは、ツールに備わっているデフォルトのスコアリングを利用して、50 〜 100点といった目標を設定し、その点数に至ったら営業送客する方法を採っているのではないでしょうか。

私自身、大した根拠があるとは思えませんし、営業が信じきれないのは自然です。ホットリードの判別には、試行錯誤が必要なのです（⇒後述：ホットリード判別の運用）。最初から上手くいくはずはありません。

従って、最初はハードルをかなり下げておくのがよいでしょう。「メールを1回でも開封したら」「ウェブサイトの特定ページを一度でも閲覧したら」、もしくはリード獲得時のアンケートで「購入を具体的に検討中」と答えた人全員について、即アラートメールを営業に配信する形で構わないと思います。

獲得したリードの半数近くを営業送客することになるかもしれませんが、それでも構わないと思います。

営業送客した人のうち、どんな人が商談・契約に至り、どんな人は商談・契約に至らないのかをデータで検証しながら、リード判別の知見を蓄積していきます。そして、ハードルを漸次上げていきます。

その時に大事なのは、リードを増やしながらハードルを上げていくことです。そうでないと、営業から見ると送客されるリードがどんどん減っていくことになり、「もっとリードをよこせ」と不満が膨らむからです。

そもそもリードの人数自体が少数であれば、最初から全員に営業で丁寧にアプローチができ、マーケ部門のナーチャリングなんて不要になります。逆にリードの人数がどんどん増えれば、とても全員に丁寧な営業はできなくなります。営業部門から「もう少しマーケ部門でリードを選別してくれ。そうでないと対応しきれない」と言われるようになればしめたものです。

マーケティングオートメーションを導入してリードナーチャリングを始めたいという企業は多いと思いますが、話を聞いてみると、そもそもリードの人数自体が少なすぎて、「丁寧にナーチャリングする前にもっとリードジェネレーションを頑張ってリード自体を増やさないといけないのでは?」と思うことがしばしばあります。

獲得リードが多くなれば多くなるほどリード判別の重要性が増し、リードナーチャリングを実行しなければ営業が立ちいかなくなります。リードナーチャリングが大きなミッションを遂行するにはリードジェネレーションが成功していることが必要なのです。

ステップ3：小さな成功事例を横展開

人間は現金なもので、最初は「わけのわからないことして邪魔するな」と言い張っていた営業・販売代理店の人が、周りで良い思いをした人が増えると「俺もやってみよう。ぜひ協力してくれ」と変貌します。誰で

も良い思いをしたいからです。

　リードナーチャリングでの良い思いとは、「今すぐ買ってくれそうなリードだけたくさん紹介してくれるので、ムダ足を踏まずに楽して成果を上げることができるようになった！」です。このような思いに至った体験者がいると、その周囲に伝染します。そしていつしか多数派を占めるようになり、放っておいても自然と浸透が進みます。

　「1/8⇒1/3⇒1/2」の法則というものがあります。全体の1/8の人・組織を最初に成功させるのが一番難しいが、まずはこの少数に狙いを定め、ここで小さく成功することに注力する。そして、その成功を1/3にまで頑張って横展開して拡張させる。そして、さらに1/2を目指し、1/2に至ったら、後は何もしなくても自己増殖的に拡張していくというもの。

　まずは最初の1/8の営業、販売代理店に全力を集中しましょう。いきなり全員の意識を変化させようなどとは思わず、新しいことに挑戦する意欲が高く何でも前向きに楽しんでしまう人、組織、または販売代理店を選んで、小さな成功を少しずつ勝ち取っていきましょう。

03 ホットリードの判別・運用

　ホットリードの判別は難しいものです。

　マーケティングオートメーションのツールには、デフォルトでスコアリングが準備されていますが、それで十分でしょうか？　スコアリングが高いリードが商談化するとは限らず、逆にスコアリングが低いリードでも商談化することが多いといった経験は、多くのマーケターがすでにしているのではないでしょうか。

　私自身これに対する明確な解答はありません。試行錯誤するしかないと思っています。

　最初にやるのはホットリード化したと推測されるリードの特徴的行動を複数考えてみることです。

・相談予約・来店予約のページを閲覧して、予約。予約に至らず離脱した人も次に可能性が高い
・無料体験イベント（自動車なら試乗会）に参加申込
・無料サンプル請求
・見積請求
・事例ページ・コラムページ・企業ページ全て閲覧（以前、ある企業でデータ分析した時、この3つのページを全て閲覧した人の商談化率は7割に上った）

　またリード獲得時のアンケートからもホットリードとおぼしき人を推

測します。

・「今、具体的に商品を選定中」と答えた
・ターゲットにぴったりの属性・希望商品（例：業種・企業規模・本人の肩書がペルソナとほぼ一致⇒ B to B、性別・年齢・ライフステージ・現在保有商品・希望商品がペルソナとほぼ一致⇒ B to C 等）

　これらのいくつかを仮のホットリード条件として決め、実際に実行してみます。そして、どの条件でホットリード化した人が何人で、かつその人のうち何％が商談化したかを調べます。

図表5-3　ホットリード化・商談化の詳細

	属性・希望商品一致	相談予約ページ閲覧（離脱含む）	見積請求	事例・コラム・企業ページ閲覧	スコアリング70点
ホットリード化の人数	80人	100人	30人	30人	20人
商談化した人数	16人	40人	3人	18人	10人
商談化率（％）	20％	40％	10％	60％	50％

　仮にこのような結果が出たら、次のように判断するのがよいでしょう。

・相談予約ページ閲覧⇒商談創出数が高いのでこのまま継続。

・事例・コラム・企業ページ閲覧⇒商談化率が高いのでメールコンテンツでさらなる誘導を図る。

・スコアリング⇒商談化率が高いが商談数を増やすため若干ハードル下げてもよい。すなわち70点を60点に下げるなどして商談化率の多少の低下を犠牲にして商談数を増やす。

・属性・希望商品一致⇒商談化率があまり高くないので「一致」の条件をもう少し厳しくしてみる。

・見積請求⇒商談化数も商談化率も低いのでホットリード条件から外してもよい。

　私はこれを1年に1回はやったほうがよいと考えています。施策を打つことによって、あるいは競争相手の施策や市場環境の変化によって数字の出方が変化するかもしれないからです。ホットリードの定義が変化するので、ホットリード化創出数の経年比較はできなくなりますが、商談化の可能性の高いホットリードを増やすことのほうが重要なのでやむを得ないでしょう。

　一方、調査の結果が図表5-4のような数値となったら要注意です。

	属性・希望商品一致	相談予約ページ閲覧（離脱含む）	見積請求	事例・コラム・企業ページ閲覧	スコアリング40点
ホットリード化の人数	80人	10人	5人	0	200人
商談化した人数	16人	4人	0	0	10人
商談化率（%）	20%	40%	—	—	5%

ひとつでもハードルが極端に低い条件があると、リードの大多数はその条件ですぐホットリードと判定されてしまいます。そのため、じっくり育成すれば商談化率の高いホットリードに育成されたのに中途半端なままクロージングに向かうことになります。結果として、営業稼働の割には商談が増えない事態となります。

前述のように、意図的にハードルを低くスタートして、様子を見ながら徐々にハードルを上げる方針ならそれでよいと思いますが、そうでないならすぐ条件の見直しを行う必要があるでしょう。

いずれにせよ、ホットリード判別はデータとの格闘で、試行錯誤を繰り返すことで、最適の判別条件に辿り着くことを目指すしかないと思います。

04 リードナーチャリングの
パーセプション

　リードナーチャリングの枠組みが決まったら、次はもちろんコンテンツ開発です。

　定石コンテンツ、鉄板コンテンツといった定型的コンテンツではなく、オリジナリティーのあるコンテンツを目指します。定型的コンテンツだと、「ああよくあるやつね。今さら興味湧かない」「同じようなコンテンツたくさん見てきた。もう敢えて見るまでもない」となり、無視される可能性が高いからです。

　「へえ、面白い！」「おや、目新しい！」「えっ、こんなの初めて！」と感じてもらえるコンテンツこそが、無視されず見てもらえる可能性が高いのですから。

　そのためには、やはり「パーセプションから考える」です。

　リードナーチャリングもエンゲージメントマーケティングである以上、ゴールは行動と心理、すなわち行動とパーセプション両方で規定します。行動のゴールはもちろんホットリード化です。パーセプションのゴールは「今すぐ買いたくなった」「店頭相談を今予約しよう」「そろそろ直接会って商談始めてみようかな」などとなります。

　しかし、このパーセプションは、あくまで目標パーセプションです。

　目標パーセプションはより具体的パーセプションの結果として抱かれるものです。たとえば次のようなものです。

・〇〇社は十分な実績があり実力がありそうだ

・〇〇社のサービスは自社の今の課題を解決してくれそうだ

・〇〇社の予算感や仕事の進め方は自社に合っていそうだ

・〇〇社の企業理念に共感する

・〇〇社の社員は皆能力が高く頼もしそうだ

・〇〇社の社員は熱意と誠意を持って自社のために仕事してくれそうだ

ホットリードに近づくと

・〇〇社のサービスを実体験できるセミナーに参加してみよう

・〇〇社に必要事項を詳細に記入して見積請求してみよう

・〇〇社で今期間限定の無料相談会をやっているので申し込んでみよう

・〇〇社で１～３月の３カ月間限定の格安課題診断をやっているので、
　すぐ申し込もう

　以上は主にB to Bです。セールスフォース社が提唱している概念「不信」「不要」「不適」「不急」をパーセプション化するのもひとつのやり方です。

　リードジェネレーションと同じものがあっても不思議ではありません。同じパーセプションをリードジェネレーションで、次にリードナーチャリングで、さらにはCRMで高め理想の顧客のパーセプションに至るという考え方です。ブランディングの視点からパーセプションを定めるとむしろこのほうが自然です。

　次に、B to Cだとこんなものになるでしょう。

・〇〇社は物件売りだけでなくリフォームまで親身に面倒を見てくれそ

う（不動産会社）
・〇〇社の通販サイトは有名ブランドを数多く取り揃えているのでいいかも（通販サイト）
・〇〇社の予約サイトは他よりワンランク上の気がする（レストラン・ホテル紹介予約サイト）
・商品〇〇は走行性能だけでなく最新安全機能もばっちりだ（自動車）
・サービス〇〇は買った後のサポートが凄く親身で面倒見がいいらしい（ネット会計サービス）
・ショップ〇〇は私のセンスにぴったり（アパレルショップ）

　そしてホットリードに近づくと、

・今なら素敵なプレゼントがもらえる無料相談会に行こうかな（不動産）
・今度の週末の試乗会に申し込もうかな（自動車）
・今月末までの有名ブランド特別セールで◇◇を買おうかな（通販サイト）
・近くの店で今欲しい商品◇◇の在庫確認をしよう（アパレルブランド）

　リードジェネレーションと同様に、ターゲット戦略・競争戦略起点でもパーセプションを起案します。
　具体的パーセプションはひとつでなくともよいのです。
　以下のように、プライオリティーをつけて規定しておくのがよいと考えられます。

◎目標のパーセプション
「今すぐ相談してみたい」

◎目標に寄与する具体的パーセプション（プライオリティー順）

① 「〇〇社のサービスは自社の今の問題を解決してくれそう」

② 「〇〇社の予算感や仕事の進め方は自社に合っていそうだ」

③ 「〇〇社の社員は熱意と誠意を持って自社のために仕事してくれそうだ」

　さて、具体的パーセプションを規定するにはどうすればよいでしょうか？　それには、リードへのアンケート調査がよいと思われます。

　私が顧問をしている大伸社ディライトで実際にリードアンケート調査をして、パーセプションで課題を設定しコンテンツ化した事例がありますので、同社の許諾を得て、次項で紹介します。

05 大伸社ディライトのリード
アンケート調査とコンテンツ化

　大伸社ディライト（以下、D社）は、70年近く続くデジタル・リアルを問わない制作会社・イベント企画実行会社です。

　B to B分野では何度もアワードを取っています。マーケティングオートメーション（マルケト）を導入してリードナーチャリングしていますが、ややネタ切れ感に陥っているのが課題です。メールのコンテンツも企画の幅が広がらず、ウェブサイトやブログで語っていることと重複しがちです。

　そこで一度「リードへのコンテンツとはどうあるべきか」を再検討・再構築しようという話になり、リードへのアンケート調査を実行することになりました。

　リード（リードなりたての新規リード）とホットリードに対象を分けて、同じパーセプションの質問を行い、その比較から強化すべきパーセプションを浮き彫りにしようと考えました。

　しかし、これには問題がありました。ホットリードでアンケートに答えてくれるリードの数が足りないかもしれないという問題です。調査会社が持っている調査パネルとは違うので回答率がかなり低い可能性があります（実際にアマゾン商品券を提供の上でやってみると3％強でした。他でやった時もせいぜい5％前後）。

　そこで次善の策として、比較すべき対象を「ホットリードとそれ以外

のリード」ではなく、「目標パーセプションを抱いているリードと抱いていないリード」としました。すなわち、目標パーセプションとそれに寄与すると考えている具体的パーセプションのクロス集計分析から、目標パーセプションに寄与すると判断できる具体的パーセプションを浮き彫りにするのです。

　そのためまず目標パーセプションを、

「貴社の抱いている課題解決に向けて、D社に相談してみたいと思う」
「D社を商談のパートナーだと思う」

　の2つに設定しました。そして具体的パーセプションを、

「D社が貴社のお悩みに応えられる十分なノウハウ、実績を有する会社だと思う」
「D社が貴社の参考になる有益な情報をお伝えしていると思う」
「D社の提供するサービスが貴社の課題解決に適していると思う」
「D社の体制、取り組みのスタンス、姿勢が自社に合っていると思う」
「D社の社員が貴社のために熱意や誠意を持って働いてくれると思う」

　としました。
　その結果が、次ページの2つの図です。

図表5-5　具体的パーセプションの調査①

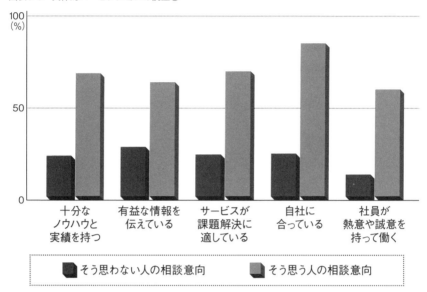

図表5-6　具体的パーセプションの調査②

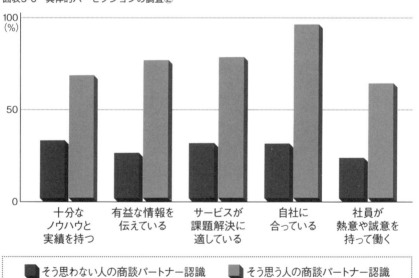

この結果から言えるのは、どのパーセプションも強化することにより相談意向・商談パートナー認識は高まるが、その効果が最も大きいのは、いずれの場合も「D社の体制、取り組みのスタンス、姿勢が自社に合っていると思う」というパーセプションです。「そう思う人」と「そう思わない人」の差が一番大きく、かつ「そう思う人」の相談意向・商談パートナー認識が最も高いためです。

では、現状ではどう思われているのでしょうか。

図表5-7　具体的パーセプションの調査③

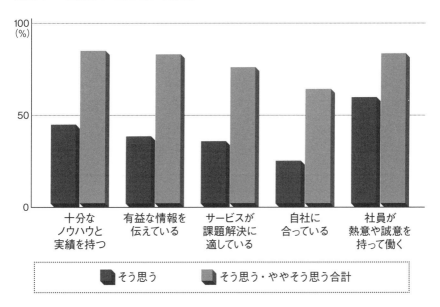

それぞれのパーセプションの肯定率を「そう思う」と「ややそう思う」に分けて質問した結果です。ここから言えるのは次の2つです。

①「D社の体制、取り組みのスタンス、姿勢が自社に合っていると思う」

は相談意向にも商談パートナー認識にも最も貢献するにもかかわらず、現状では最もそう評価されていない。

⇒これは大きな問題！ 最重要課題。

②「D社の社員が貴社のために熱意や誠意を持って働いてくれると思う」が最も評価が高い。相談意向や商談パートナー認識にも貢献する。

⇒D社の強みとしてこれからもさらに強化するのが有効。

今までのナーチャリングコンテンツは、以下の3つのパーセプションを狙ったものだけでした。

「D社が貴社のお悩みに応えられる十分なノウハウ、実績を有する会社だと思う」

「D社が貴社の参考になる有益な情報をお伝えしていると思う」

「D社の提供するサービスが貴社の課題解決に適していると思う」

これはこれでホットリード化に貢献するので、続ける必要があるでしょう。

しかし、「D社の体制、取り組みのスタンス、姿勢が自社に合っていると思う」には全く取り組んでいなかったので、早急に新規コンテンツ開発が必要となります。

実際、「自社に合っている」の「自社」とはどのような会社かを理解した上で、「料金表と考え方」「作業の進め方フローと特徴」「実行・支援体制の特徴」「ディレクションのクレド（社員行動規範）」「クリエイティブのクレド（社員行動規範）」など矢継ぎ早にコンテンツ化して、マルケトエンゲージ※の「第3ステージ：ミドル（ウォーム）リード⇒ホットリード」のステージで実行しました。

これもひとつの行程細分化戦略です。

※ マルケトエンゲージ：マーケティングオートメーションの代表的ツールベンダーであるマルケト（現アドビシステムズ）の機能のひとつ。行程をステージ1・2・3……と分け、「誰が何をした時にどんなコンテンツをどの手法で実行し、何をしたら次の行程に推移させる」を自動実行する。

D社では、第1ステージは獲得した全リード（他部門で獲得したリード、通常の営業活動での名刺獲得も含む）にメール配信し、一度でも開封、または某ウェブコンテンツ閲覧をしたら終了して第2ステージへ移ります。

第2ステージでは、第1ステージとは異なるコンテンツのメール配信をして、そのクリック等により2種類のウェブコンテンツをそれぞれ2回閲覧、またはスコア30点で第3ステージへ移ります。

第3ステージでは、「自社に合ってる」系の新規開発コンテンツをメール配信します。クリックにより特定ウェブページを3回閲覧、またはスコア50点でホットリード化したと見なし、営業送客をしています。

その結果、新規メールの開封率・クリック率とも、今までの3倍程度、ホットリード創出数は280％増となりました。

他社での経験則も踏まえて言えば、リードナーチャリングのコンテンツはどうしても「自社は凄い！」「自社は実力・実績とも自信あり！」といった能力の宣伝が多くなり、後は「今なら素敵なプレゼント！」「今だけ特別オファー！」といった最後のワンプッシュに推移しがちではないでしょうか。

客から見ると両者の間に「凄いのはわかった。で私に何をしてくれるの？」「貴社の実力だけでなく人となりもわかりたい」「貴社と当社、実

際に上手くいくのだろうか？」という思いがあるのだと考えられます。

　いずれにせよ、マーケティングオートメーションなどのツールの行動データだけを見るのでなく、パーセプションという心理データも見ることによって、コンテンツ企画の重要な指針と手掛かりが得られます。

　行動はあくまで結果であり、原動力は心理の変化です。そして有効なパーセプションを抽出するには、相手に直接聞く調査が一番なのです。リードナーチャリングでもリードジェネレーションでも、そしてCRMでも、行動データと心理データの両面での分析が必要だと言えます。

06 これからのヒーロー、インサイドセールス

　私が20代で営業をやっていた頃、初めてのクライアントに電話で話をするなんてあり得ないことでした。「仕事があってもなくても毎日お得意様を訪問して、話ができなくても笑顔か名刺は残しておけ」と教わったものです。

「仕事を受注できるか否かの半分以上はクライアントと営業のリレーションの良し悪しで決まる」「営業の熱意＝訪問回数（昼の部・夜の部を問わず）」などとも教わりました。インサイドセールスはその真逆で、クライアントと直接会わず電話かメールで仕事をする人です。

リードナーチャリングからインサイドセールスへ

　デジタルマーケティングの成長と共にマーケティングと営業（フィールドセールス）の間を繋ぐスタッフとして近年急速に存在感を増してきました。マーケティングで獲得したリードの大半は営業（フィールドセールス）がアプローチしても成果に結び付かないことが多いため、それまでにメール等のデジタル施策とインサイドセールスがリードを育成・判別して「今すぐ買いたいリード」になって初めて営業に送客します。

　そういう意味では、リードナーチャリングとインサイドセールスは似たようなミッションを果たします。

　ある程度リードナーチャリングして育成した後、インサイドセールスにバトンタッチすることもあれば、途中から併行して行う場合もあります。スコアリング50点まではナーチャリングメールのみ、そこから100点（＝ホットリード）まではナーチャリングメールとインサイドセ

ールスが両者を併行して実行するといったように。

　リードナーチャリングと一番違うことはリードと直接対話することです。全てのコミュニケーション手法の中で最強の手法は「客との直接対話」ですから最強のマーケティングコミュニケーションとも言えます。直接対話する自社側のメリットは、

・客が今どの選定プロセスにいるのか（ステータス）がわかる
・客の予算感がわかる
・名刺情報だけではわからない客の選定への関与・権限がわかる
・スコアリングだけではわからない客の発注への本気度がわかる

　などです。

　しかし実は一番のメリット、それは客にとってもメリットなのですが、「客の本当の課題が判明する」だと言えます。

　なぜなら「客が自分の課題を正確に理解していることはあまりない」と考えられるからです。

　客は自身が本業としているビジネスの専門家ではあっても、こちら（自社）側が提供している商品・サービスの専門家であることは滅多にありません。客の夢や悩みを自社が提供する商品・サービスでどう解決できるのかを本当に理解するのは難しいことです。

　だからプロであるインサイドセールスが直接話すことで客の頭を整理し、彼らが自社商品・サービスで本当に解決したい、もしくは解決できる課題は何なのかを客と共に考えるのです。

　「最初は○○課題解決のため御社に相談したが、いろいろ話してみると当社の本当の課題は◇◇だったのだ！」となります。その上でインサイ

ドセールスが「だったらウチの〇〇サービスが最良の解決策です」と落とし込みます。逆に「その課題◇◇でしたら、ウチに相談するよりも、他のサービス提供社に相談されたほうがよいと思います」となっても構いません。無理やり商談のアポを取っても成功しないからです。

アポイントメントの質もKPI化させる

　きちんと商売になりそうな客か否かを判別してアポ取りをすることで、営業（フィールドセールス）にムダ足を踏ませないことになり、生産性が向上します。「インサイドセールスの成果＝アポ獲得件数」と狭く規定してしまうと、契約獲得に結び付かない客、さらには契約しても満足に至らずにすぐ離脱してしまう客への対応に、営業の稼働を費やすことになります。

「契約してくれそうな客か」「契約後すぐ離脱するようなことがなさそうな客か」という意識を持った上で商談アポを取ることが大事でしょう。

　正しい戦略は正しい課題設定から生まれます。客のビジネスをきちんと理解した上で、客が解決したい課題・自社が解決できる課題を明確化するのは非常に大切なことです。これを間違うと、戦略も実際の施策も全て間違うことになります。

　従って、インサイドセールスは優秀なマーケターでもなければならないのです。

　単なるアポ取り係ではありません。

「インサイドセールスの成果KPI＝アポ獲得件数」はわかりやすいのですが、部分最適思考です。経営者もCMOも全体最適思考に立って、「契約確度の高い相手の選別」「利用後の満足度が高くロイヤル顧客になってくれそうな相手の見極め」までをインサイドセールスのミッションとして付与するのがよいでしょう。「KPI＝アポ獲得件数＋アポの質」として

契約獲得／アポ獲得％、継続顧客獲得／アポ獲得％や、全くの新規顧客アポ等の要素もアポの質としてKPI化するのです。

　要するに、インサイドセールスは、自社の商品・サービスが提供できるものを深く理解していることはもちろん、客のビジネスも理解し、客のビジネス課題と自社のソリューションの「最良の関係」を瞬時に描けなければならないのです。これができなければ、最低限のヒアリングとアポ取りしかできないプロフェッショナルとは言えない仕事となります。

　インサイドセールスはまた「自社営業社員をアサインする」というミッションも負うこともあります。ということは、ある程度の権限がなければならないのです。「この客の仕事を一番上手くやれそうなのは〇〇さんだろう」と思ったら、〇〇さんに「担当してください」と言わなければなりません。優秀な人ほど忙しく、アサインするのは難しいので、権限がないとできないでしょう。

　権限がないと、営業部門の責任者に頭を下げまくらないと、自身がベストと思える営業担当をアサインできず、結果としてアポは取れたとしても受注には結び付かないことも起こります。

　繰り返しになりますが、「インサイドセールスで評価される成果はアポ取りまで」と限定しすぎると問題があります。少なくともエンゲージメントマーケティングとしては不十分です。

「コンバージョンをたくさん安く取れることが全て」というのが局所的には正解であっても、エンゲージメントマーケティングのゴールである「理想の顧客（ロイヤル顧客・アンバサダー）候補に出会い、関係を作っていくこと」の視点から考えると不十分であるのと同じ理由です。

　インサイドセールスには、今後さらに大きなミッションが課せられて

いく可能性があります。

　購入直後のカスタマーサポート、休眠顧客への営業、そして客のビジネス成功まで支援するカスタマーサクセスまでを行う、社の成長に大きく貢献する存在となるはずです。すでに「対面営業」に頼る営業は難しくなっている今日ですが、コロナを機にその流れは加速し、「テレワークという業務スタイル」の浸透に伴って、インサイドセールスが「売り」の主力部隊となる可能性も高いのです。

　インサイドセールスの人材を自社社員で確保するか外注するかなどと悩んでいる場合ではありません。機械的・事務的対話とアポ取りだけなら外注の可能性はあります。コールセンターを外注・派遣社員で運用するのと同じ感覚です。

　しかし、エンゲージメントマーケティングでの重要な役割を果たしてもらいたいなら自社社員で実行、それもある程度のアサイン権限を持つマーケティング部門のエース格、営業部門のエース格を配置するのが理想的です。インサイドセールスを何年か経験することがマーケティング部門、営業部門で出世するキャリアパスにするのもよいと思います。

　本書はマーケティングの書籍なので、営業（フィールドセールス）やコールセンター業務については論じません。クロージングはあくまでインサイドセールスまでの話とします。

　繰り返しになりますが、「客は営業と会うまでに6〜8割の選定プロセスを終了している」という時代にあって対面営業以前が勝負どころなのです。コロナ以降、この傾向はますます強まるでしょう。

　私は、インサイドセールスが、企業の花形社員となることを願っています。

07 リードナーチャリング＆
クロージングの戦略シート

　ここでもターゲット戦略・競争戦略・リードジェネレーションでも紹介した戦略シートを活用します。

　戦略シートに盛り込むべき内容は、以下の通りです。

①行程のスタートとゴール（目標）を行動だけでなく心理（パーセプション）でも規定

②パーセプションは目標パーセプションに寄与する具体的パーセプションも規定

③コンテンツと手法

④クロージングチームへのバトンポイント、併行進行となる場合はクロージングチーム参画ポイント

　これらを踏まえたリードナーチャリング戦略シートを次ページに掲載します。

　一番上はパーセプションが良いでしょう。パーセプションの変化こそがマーケティングの最重要テーマであり、行動はその変化の結果として起こるものだからです。獲得したい成果は行動で判断しますが、マーケターが最も観察・洞察し、施策によって働きかけなければならないのは心理、すなわちパーセプションです。

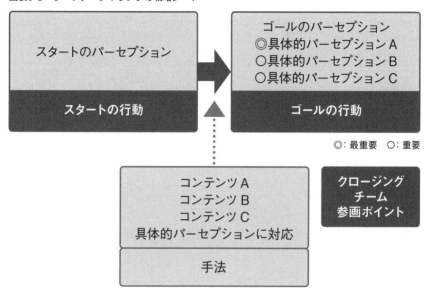

　戦略シートとしてはこれで良いと思いますが、実際のエンゲージシナリオとしてはもう少し行程細分化が必要になります。

　次ページの図表5-9は、マーケティング戦略立案の領域ではなく、個別施策立案の領域なので、あくまで参考資料として見てください。マーケティングオートメーションを使ったステップメールのシナリオ等で作成することが多いと思います。本書でテーマとしている戦略立案段階ではまだ不要です。

図表5-9　参考資料：ステップメールシナリオ例

	行程1	行程2	行程3	行程4
目的 ▶成果指標	メール開封3回 または 1回クリック	来店予約 ページ閲覧	来店 予約完了	実際に来店
ターゲット	新規リード全員	メール開封3回 または 1回クリック者	予約ページ閲覧 & 予約未完了者	予約完了者
実行開始時	新規リード化 翌日	メール開封3回 または1回 クリック翌日	予約ページ 閲覧翌日	予約完了時と 予約日 3日前と前日
コンテンツ	コンテンツ A-1 1週間待機	コンテンツ A-10 5日待機	予約誘導 コンテンツ X 1日待機	サンキュー & ウェルカム コンテンツ ▶予約完了時
	コンテンツ B-1 1週間待機	コンテンツ B-10 5日待機	予約誘導 コンテンツ Y 1日待機	
	コンテンツ C-1 1週間待機	コンテンツ A-11 5日待機	予約誘導 コンテンツ Z ☆3回のメールで 予約完了 しなければ 行程2に戻る	
	コンテンツ A-2 1週間待機	コンテンツ C-10 5日待機		
	コンテンツ B-2 1週間待機	コンテンツ A-12 5日待機……	行程3に 入った段階で クロージング チームへ送客 （営業アラート 配信）	確認 & ウェルカム コンテンツ ▶予約日3日前 と前日
	コンテンツ C-2 1週間待機……	（毎回来店 予約ページへ 誘導）		
	ローテーション 続く	ローテーション 続く		

※ 個別施策立案段階で作成。マーケティング戦略立案段階ではまだ不要。あくまでも参考資料として見てください

212

次に、戦略シートをリードジェネレーション作成事例の続きとして作成してみましょう。

行動データと意識データの統合分析を強みとしたコンテンツマーケティング2.0の商談数3倍を目指すZ社の作成事例です。

図表5-10 「リード⇒ホットリード」の戦略シート

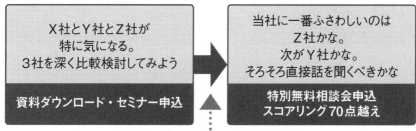

◎：最重要　○：重要

図表5-11　パーセプションとコンテンツをもう少し具体化する

X社とY社とZ社が特に気になる。
3社を深く比較検討してみよう

◎ Z社の2.0に深く興味が湧いた
○ Z社の実力・実績は確かそうだ

資料ダウンロード・セミナー申込

当社に一番ふさわしいのはZ社かな。次が
Y社かな。そろそろ直接話を聞くべきかな

◎ Z社の2.0を本気でやりたくなった
○ Z社の2.0の費用感や
　進め方が自社に合いそう
○ Z社の社員は有能で熱意ありそう

特別無料相談会申込
スコアリング70点超え

◎：最重要　○：重要

◎ 2.0は匿名リードにも実名リードにも
　効果的な仕組みで独自のメソッドがある
○ 見積表、対応スタッフ体制、
　スケジュール感、社員行動規範クレド
○ 社員の顔出しプロフィールとモットー

ステップメール（MA使用）
メールクリックによる詳細資料
セミナー・展示会

A案：特別無料相談会申込完了またはスコアリング70点超えで
　　クロージングチーム送客

B案：特別無料相談会申込ページ閲覧（完了せず離脱した人含む）または
　　スコアリング50点超えでクロージングチーム送客。
　　A案のバトンポイントまではリードナーチャリングとインサイドセールス併走

第 **6** 章

CRM

01 仮の顧客、本当の顧客

図表6-1　行程戦略におけるCRM

　CRMは初回購入顧客を離反させず、リピートさせ続け、ロイヤル顧客化しLTVを最大化するマーケティングです。B to Cで購買データが取れない場合は、ファン育成、熱烈なファン化、アンバサダー化のマーケティングです。

　顧客データベースの浸透以降、リードジェネレーションやリードナーチャリング以前からマーケティング施策のひとつとして浸透・定着しています。すでに十分な知見が蓄積し、敢えて新たに論じるまでもないと思う一方、新たな視点を加えることでさらに成果を拡大する余地もあると思っています。

　ここでは、この「新たな視点」についてお話ししてみたいと思います。

　最初の視点は「仮の顧客、本当の顧客」です。

「自社に登録して一度は買ってくれている客なので、自社についてはよく知っていると思っていたら実際はほとんど知らなかった」
「1回リピートまでは何とかなる。しかし2回リピートが難しい。この

壁が高い」

　といった経験はありませんか？

　会員登録して1回買ってくれた人、2回買ってくれた人は顧客なのでしょうか？

　次の表を見てください。とあるECサイトの購入回数別リピート率です。

図表6-2　あるECサイトの購入回数別リピート率

購入回数	1回	2回	3回	4回	5回	6回	7回	8回	9回
リピート率	26%	35%	62%	66%	75%	78%	81%	83%	86%

　2回購入した客の35％は再び購入するということです。

　この表を見ると2回購入と3回購入の間に大きな隔たりがあることがわかります。

　3回以上買ってくれている客は買い続けてくれる可能性が高いのですが、1〜2回の客はまだどうなるかわからないと言えます。

「会員登録して購入経験あり＝顧客」という固定観念にはあまり囚われないほうがよいと思います。

　上記のような場合、むしろ「会員登録して1回か2回購入経験あり＝（心理的には）見込顧客」と考えたほうがよいと思います。

　そう考えると、初回購入直後の施策の見え方が変わってくるのではないでしょうか。

02 離脱阻止は「－⇒0」だけでなく「0⇒＋」「＋⇒＋＋」もある

　初回購入から間もない時が一番離脱される可能性が高いことは、何度か述べました。とはいえ、初期トラブルの解消、ストレスなくきちんと使えるようになるためのサポートを行うことだけが離脱阻止策とは限りません。「－⇒0」すなわちネガティブの払拭ですが、それ以外にも離脱阻止策はあります。

　期待通りの利用満足、期待以上の驚きの体験があれば、多少のトラブルやイライラがあっても乗り越える気持ちになれます。素敵な初体験をしてもらえるように最大限の工夫をしましょう。顧客が勝手に使い始めるのに任せるだけでなく、「Welcome to ○○ World！」を演出するプログラムを提供しましょう。利用スキルが未熟でも、魅力的な体験が難なくできるプログラムを、十分なエネルギーとコストを投じて開発しましょう。

　これは、初回購入時点での期待への「最高の答え」を用意するという意味で、「＋　⇒＋＋」と言えるでしょう。

　さらにもう一つの離脱阻止策があります。「0⇒＋」です。

　B to Cで、しかも初回購入を割と深く考えずに行ってしまう商品の場合は、さらに別の視点が必要です。

　数百円～数千円程度の出費で初回購入が可能な商品の場合、買う前に深く検討することはしないでしょう。「購入の決断をする」「慎重に契約書にハンコを押す」という感覚ではなく、「とりあえず興味が湧いたか

ら1回買ってみた」という感覚です。「リード個人情報獲得＝初回購入」なのですから、リードナーチャリングというプロセスは存在しないと言えます。

本当の勝負は初回購入の後です。

初回購入直後を自社商品の価値の理解・刷込みの最大の山場ととらえるのです。

一般的にはリードジェネレーションの時に自社商品への認知・理解を行いますが、このケースのように、買うまでにあまり深く検討しないで買う商品の場合は、商品への理解意欲が本当に深まるチャンスはむしろ初回購入直後なのです。買って初めてその商品と直接接触・体験することにより商品との心理的距離感がなくなり、一気にリアリティーが湧きます。商品情報への感度が最も高くなると言ってもよいでしょう。

従って、初回購入直後は商品の独自の価値や世界観・開発思想等を徹底的に訴求します。ブランディングです。このような訴求内容はB to Bや高額商品のB to Cでは購入前に行います。

それに対して、お手頃価格のB to C商品の場合は購入前ももちろん必要ですが、購入直後により大きな山場を持っていくのが効果的だと思います。初回購入から安定した歩留まりが期待できる顧客になるまでの期間限定のブランディングなので、言わばブランド・キャンペーンです。

初回購入直後こそがブランディングのチャンス

以前広告マンとしてテレビ広告をやっていた時、よく言われていました。「自社商品のテレビ広告を最も熱心に見てくれるのは自社商品を買ったばかりの客だ」と。

ブランディングの絶好のチャンスは初回購入直後なのです。

219

ECサイトの場合も、初回購入直後は「今だけ人気の商品○○が特別価格◇◇円で！」といったチラシ・メールだけではなく、「そもそもこのECサイトの一番の価値は何か」「どんな志でこのECサイトを立ち上げたのか」といった根本的な情報を提供するのが良いと思います。まさにブランディングです。

このように、特に初回購入へのハードルが低いB to C商品の場合は、初回購入、2回購入の顧客はまだ顧客と見なさず、心理的には見込顧客だと思ったほうがよいでしょう。従って、手法もメールやLINEにこだわらず、リターゲティングしても良いと思われます。
「すでに買ってくれた客なのだから、自社のことはもうよくわかっているだろう」などと固定観念を持たず、相手はまだ顧客ではなく見込顧客だと考えたほうがよいのです。

行動データだけでCRMする限界

CRMで頻繁に利用するデータは購買データです。購入頻度、購入金額、最新購入時期、歩留まり率、そしてLTV（Life Time Value）等です。RFM分析が一般的な分析手法でしょう。これらの数値から過去⇒現在⇒近い将来の動きをトレンドとして把握し、顧客グループごとに施策を打ちます。

これはすでに確立された方法論であり、ここで否定するつもりは全くありません。自信を持って続けるのがよいと思います。

しかし、弱点もあることを理解したほうがよいでしょう。

「利用金額も利用頻度も多いので、上顧客としておもてなし施策を続けていたが、唐突に離脱された。後で聞いたら元々競合他社の利用金額・利用頻度のほうがはるかに多く、自社は隙間を埋める補欠扱いでしかな

かった」

「利用頻度も利用金額も少ないので初心者だと思い、初歩的な知識を丁寧に教えていたら『そんなわかり切ったことは言わなくていい。馬鹿にするな』と怒られた。後で聞いたら競合他社を複数使い込んでいるベテラン客で、期待していたのは競合他社ではできない独自機能の詳細の話だった」

　こういったことは、時々あると思います。

　要するに、**購買データや利用履歴データだけでは、顧客が競合他社とどう関わっているか全くわからない**のです。

　CRMのゴールは顧客の上顧客化であり、より正確にはロイヤル顧客化です。ただ単にたくさん買ってくれる顧客ではなく、「他社でなく自社を選び続けたい」という強い意志・愛着を持った顧客に育成することです。

　「他社でなく自社を選び続けたい」という強い意志・愛着……すなわち**ロイヤリティー**です。ロイヤリティーを強化する、醸成するのがCRMの最大のマーケティング課題です。どれだけ買うかはその結果に過ぎず、買い続ける源泉はロイヤリティーという心理です。

　行動データだけでロイヤリティーを測ることもできなくはありません。利用頻度や利用継続期間等はロイヤリティーの証となるでしょう。しかし、ロイヤリティーは元々心理の領域の概念で、利用頻度や利用継続期間はロイヤリティーの強さの結果です。

　心理の領域だということは、意識データ（Perception Data）で測るのが本道です。

　とすると、顧客に直接聞くしかありません。Asking Data（相手に問うことによってもたらされるデータ）にならざるを得ないのです。

03 ロイヤリティーの計測

　意識データ（Perception Data：パーセプションデータ）でロイヤリティーを計測する時、その重要指標は以下の３つでしょう。

①利用満足度
②継続利用意向
③他者推奨意向

　実はこの３つの指標をアンケート調査で質問するのは、少なくとも40年前から始まっています。1970年代後半、私が新入社員でマーケティング部門に配属された時には、すでにこの３つの質問を諸々質問した後、最後に５段階評価として質問するのは決まり事のようなものでしたから。

　その時々のトレンドとして、ある時はCSI（Customer Satisfaction Index）と言ったり、近年ではNPS（Net Promoter Score）と言ったりしていますが、根底にある考え方は同じです。

「自分が使って満足」⇒「今後も使い続けたい」⇒「自分が使うだけでなくファンとして皆に推奨したい」という流れなので、いずれも避けて通れない指標と言えるでしょう。

　今日はNPSが主流ですが、NPSだけで本当によいのか私は不安です。

「他社でなく自社を選び続けたい」という強い意志・愛着を持つ人は皆、

知っている人に推奨するでしょうか？

「私だけの商品にしたい。人には教えたくない」
「人により好みが違うので、自信を持って推奨なんてできない」
「聞かれてもいなのに人に推奨するなんて差し出がましくてイヤ」

　といった気持ちは普通でしょう。
　そもそも日本人はアンケートへの回答心理として、欧米人や中国人と違って9点・10点とか0点・1点といった極端な評価をする人が少なく、5点・6点・7点・8点といった中庸の評価をする傾向があります。
　NPS的にはこれらのスコアは中立かネガティブと判断されるので、ポジティブからネガティブを引くと、ほとんどマイナスのスコアとなります。それにより目標KPIが最初からマイナスだったりします。これはどうでしょうか。あまりピンと来ないのではありませんか。

　私は、3つのどれかに最初から決め打ちするのではなく、自分たちがゴール像と判断している理想のロイヤル顧客とそれ以外の顧客にアンケート調査をして①②③を質問し、理想のロイヤル顧客とそれ以外の顧客との関係に最も深く関係していそうな指標をロイヤリティー指標として採用するのがよいと考えます。
　商品や企業・業種、あるいは競争上の自らのポジションによって、どの指標が最もふさわしいかが違ってくると考えられるからです〈次ページ図表6-3〉。

　このような結果が出たら、「継続利用意向度」をロイヤリティーの意識データ指標とするのがよいでしょう。

図表6-3　適切なロイヤリティー指標を考えるための分析

	理想のロイヤル顧客 （例：年10回以上利用を 3年以上継続）	左記以外の顧客
利用満足度	85%	80%
継続利用意向度	96%	55%
他者推奨意向度	72%	43%

※ 利用満足度「使ってみて満足した」、継続利用意向度「これからも使い続けていきたい」、
　他者推奨度「知人・友人にすすめたい」のいずれも5段階評価（非常にそう思う／やや
　そう思う／どちらとも言えない／あまりそう思わない／全くそう思わない）の最初の
　2者合計。「非常にそう思う」だけで指標化するという手もある。こちらのほうが実際
　の行動との因果関係が強いため。

　近年、利用満足度は80％、時には90％（5段階評価の「非常に満足」
「やや満足」の合計％）に到達することが多く、高いのが当たり前になっ
ている傾向があります。「顧客満足度95％！」といった広告も目にしま
すよね（この場合はたいてい「どちらとも言えない」という中立評価のな
い4段階評価なのでスコアが高めに出ます）。

　従って、利用満足度がロイヤリティーの指標になることは、近年はあ
まりないのではないでしょうか。

　継続利用意向と他者推奨意向のいずれか、もしくは両方がロイヤリテ
ィーの心理指標としてふさわしいと思われるケースが多いと思われます。

　全顧客が回答してくれるとは限りませんが、継続的にアンケート調査
を実施しましょう。

04 CRMのパーセプション

　CRMでもリードジェネレーションやリードナーチャリングと同様、パーセプションによる課題設定をするかしないかでコンテンツ開発のクリエイティビティーが大きく変わってきます。

　継続利用意向や他者推奨意向は心理指標としてはゴールに当たります。これを目指すべきですが、ゴールだけでは具体的にどんな心理を強化・醸成していくべきかわかりません。すなわち、どんなコンテンツを企画開発してくべきかの指針とならないのです。

　リードジェネレーション、リードナーチャリング同様、CRMも具体的パーセプション課題を設定する必要があります。
　繰り返しになりますが、具体的パーセプションで課題を設定することがコンテンツ企画に力とクリエイティビティーを付加し、またひとつのパーセプションを目指して多種多様なコンテンツを提供し続けることでそのパーセプションの強化、またはパーセプションチェンジを成功させることができるためです。

　具体的なパーセプションの内容は、リードジェネレーション、リードナーチャリングと同じでも構いません（P.165・166・195・196）。ブランディング視点に立って同じパーセプションをリードジェネレーション、リードナーチャリングで継続的に強化し、さらにCRMでも強化し続けることで理想のロイヤル顧客のパーセプションに近づける考え方も

ありますし、重要視するパーセプションを行程特有のものに推移させていく考え方もあります。

　当然、CRMならではのパーセプションもあり得るでしょう。

・使いこなすのが難しそうだと思ったが、実際はそうでもなかった
・カスタマーサポートがとても親切で助かった
・実際使ってみたら期待以上にスピードが速かった
・実際使ってみたら期待してなかった価値（例：表現力の豊かさ）に驚かされた
・当初の想定より大分早く期待した成果を獲得することができた
・使えば使うほど新しい発見があり、底が知れない凄いサービスだ
・使えば使うほど自分自身も成長していると自覚できる
・つくづくこの商品は「私向き」の商品だと思う
・この商品により私は「心の豊かさ」を実感できるようになった
・この商品なしに当社のビジネスは成り立たない。もはや、かけがえのないパートナーだ
・この商品は私の生き様そのもの。私と切り離すことができない存在

　また、もし意識している競争相手が明確なら、次のようにはっきり競争相手との比較したパーセプションにするのもよいと思います。自社商品をA、競争相手をBとします。

・AはBより使える
・AはBよりお得
・AはBより楽しい
・AはBよりワクワクさせてくれる

・ＡはＢより高機能

・ＡはＢよりサポートが親切で有能

・ＡはＢより親身に伴走支援してくる

・ＡはＢより社員が優秀

・ＡはＢより私（当社）に向いている

　どの具体的パーセプションを重点的に狙うのかを決めるために、アンケート調査をします。

図表6-4　重点とするパーセプションを決めるためのアンケート

具体的パーセプション	右の3者以外の顧客のスコア	継続利用意向ありと答えた顧客のスコア	他者推奨意向ありと答えた顧客のスコア	理想のロイヤル顧客のスコア
パーセプション①	55	68	56	72
パーセプション②	47	58	79	80
パーセプション③	21	64	30	69
パーセプション④	68	69	68	72
パーセプション⑤	38	85	65	95
パーセプション⑥	23	51	23	54
パーセプション⑦	72	73	72	75
パーセプション⑧	82	85	83	97

　仮にこのような結果となった場合、CRMで最も重点的に強化したい具体的パーセプションはパーセプション⑤です。ロイヤリティーの高くない普通の顧客とロイヤリティーの高い顧客の差が大きく、しかもロイ

ヤリティーの高い顧客の95％（理想のロイヤル顧客）、85％（継続利用意向あり顧客）がパーセプション⑤を抱いているからです。

　次に重点的に強化したいパーセプションはパーセプション③でしょう。理想のロイヤル顧客のスコアと普通の顧客のスコア差が次に大きいためです。

　理想のロイヤル顧客のスコアが一番高いのはパーセプション⑧ですが、まだロイヤリティーが高くない普通の顧客でさえすでに82％抱いているので、CRMでさらに強化するまでもないでしょう。リードジェネレーションやリードナーチャリングでパーセプション⑧の強化は成功しており、顧客化の段階ですでに解決済みの課題と言えます。

　上記のようなスコアだと、理想のロイヤル顧客と深く関係があるのは継続利用意向であり、他者推奨意向はあまり関係がないと言えますが、パーセプション②に限って他者推奨意向が深く関わりがあります。このパーセプションは、「つい人に言いたくなってしまう」ものなのでしょう。SNSでの拡散を図るのであれば、このパーセプションに狙いを定めるのがよいと考えられます。

　実際にアンケート調査をしてみると、「理想のロイヤル顧客の回答者数が足りない」という事態が想定されます。まだロイヤリティーが醸成されていない普通の顧客に比べると、圧倒的にその人数が少ないはずですから。

　分析に足る最低人数は、通常30〜35人と言われています。「やってみたら10人でした」では分析になりません。それを補完する上でも、「継続利用意向」「他者推奨意向」をきちんと質問しておくことが重要です。これらと具体的パーセプションをクロス集計するだけで、理想のロイヤル顧客に調査できた時と同じような結論が得られる可能性が高いと思われます。

05 B to Bのエンゲージメント、B to Cのエンゲージメント

　皆さん、ここで1人の消費者の気持ちや行動を思い起こしてください。何か買う時、自身の個人情報を相手企業に出すのはいつですか？

・夏休みの旅行で行先を決めた後、ネットで検索して宿泊ホテルを決めた。予約する時に住所氏名、メルアド等を記入して送った
・テレビで化粧品の広告を見た時、「これだ！」と思い 0120-……にすぐ電話した。最初は資料請求だけのつもりだったが「今なら特別価格でしかも素敵なプレゼントも」と言われ契約。その時に住所氏名や連絡先を相手に伝えた
・子供のため小学生向けの学習塾を探していた。人に聞いたりネットで調べた結果、ある塾がとても気になりさらに調べると自宅近くにもあり無料体験教室をやっていると知り申し込んだ。その時に住所氏名・連絡先等を申込画面で記入した。結局その塾に入塾した
・高級自動車を買おうと思い、ネットでいろいろ調べた。その結果メーカー G の K クラスのセダンが欲しくなった。いくらになるか知りたかったので正確なモデル名、ボディーカラー、インテリアカラー、オプション等を詳しく選んで見積請求した。その時、住所氏名・メルアド・車検時期等を記入してウェブで申し込んだ。その後、試乗会に招待されて買った

　スーパーやコンビニの店頭で売っている商品は別ですが、**購入には自らの個人情報を提供することになるB to C商品の場合、個人情報を提**

供するのは購入プロセスが終了した時、もしくは購入決定の一歩手前の時ですよね。

　とするとB to Bのように「まずはメルアド取って実名リードへのナーチャリング開始」「名刺交換した相手にメルマガを配信して育成しよう」といった手法はあまり意味がありません。メルアドが取れた時にはすでに選定が終了、またはほぼ終了して、後は営業マンの最後の一押しの段階に来ているのですから。

　「メルアド取れた！さあリードナーチャリング開始だ！じっくり長期戦の構えで行くぞ」と考えていると、あっという間に競争相手と契約してしまったなどという事態が起こり得ます。

　B to Cの場合、相手は一個人だということを忘れてはいけません。どんなに高い買い物でも、本人1人（時に家族も）が気に入れば「即決」はありなのです。

　私の経験で言うと、中古マンション購入等の不動産も意外と短期決戦が多いと思われます。決めかねているうちに売約済みになるためでしょうか。保険商品販売も、何年、何十年も払い続ける商品を契約する割には検討期間が短いと言えます。検討自体が楽しいものでない時、人はさっさと検討を終了したいのでしょう。

　この点、自分1人で決めるわけにはいかないB to Bとは根本的に異なります。検討する人と決裁する人は通常別人ですし、検討する人とエンドユーザー（実際に社内で使う人）も別人であることが多いため、決定には他者の同意が必要となり、時間をかけて慎重に検討することが不可欠なのです。

　すなわち、B to Cのエンゲージメントマーケティングは、リードジェ

ネレーションかCRMなのです。

　リードナーチャリングが成果を出せるのは、以下の時だけだと考えられます。

・購入プロセスの途中で離脱した人が、何らかのきっかけに購入意欲が湧き再び購入プロセスに戻ったと推定されることがある。その時のために細く長く関係を継続する時
・個人情報こそまだ提供してくれないが、長い期間繰り返しウェブサイトを訪問して情報収集している相手、すなわち一部の匿名リード（クッキー）に対してじっくり育成のコミュニケーションを続ける時（定義上はリードジェネレーションだが、スコアリングする、パーソナライズされたメッセージをリターゲティングやマーケティングオートメーションのパーソナライズ機能で実行するなど、手法はリードナーチャリングに近い）

　エンゲージメントマーケティングを実行する時、人的稼働を最小化し、ミスなくスピーディーに、しかも相手に合わせた施策を実行するため、マーケティングオートメーションを使うことが多いと思います。

　B to Cのマーケティングオートメーションは、CRMで一番本領を発揮するのがよいと私はいつも考えています。

　上記途中離脱者へのエンゲージメント、匿名リード（クッキー）へのエンゲージメントでもマーケティングオートメーションは有効だと思いますが、多くのデータがすでに取得できていて、かつ一人ひとりに丁寧に、しかもパーソナライズされたコミュニケーションが必要なのは、CRMだからです。

06 マーケティングオートメーションで CRM

　現在、マーケティングオートメーションを導入している企業は多いと思いますが、使途の多くはB to Bの実名リードへのリードナーチャリングだと思います。ウェブ閲覧履歴に紐づいたメールマーケティングの自動実行が主たる業務となっているのではないでしょうか。**マーケティングオートメーションというよりメールマーケティングオートメーション**と言ってもよいでしょう。

　B to Bはそれで良いと思います。何と言ってもビジネスの世界は名刺がIDであり、よく知らない初対面の人とも名刺交換します。そして対面・電話に替わるコミュニケーション手段としてのメールはまだ健在です。

　しかし、B to Cはそうはいきません。前述のように氏名・メルアド等の個人情報を差し出すのは購入検討プロセスがほぼ終了した時です。しかもプライベートな人とのコミュニケーションに今時メールを使う人はいないでしょう。

　個人情報取得後、相手を識別して丁寧にコミュニケーションを続ける必要のある相手は、すでに契約・または初回購入を終了した顧客です。見込顧客ではなく、顧客へのエンゲージメントマーケティングにこそ、マーケティングオートメーションによる自動実行が必要なのです。

　もちろんB to CのCRMのマーケティングオートメーションには、B to Bのリードナーチャリングの時とは違う大きな難題があります。**扱う**

データ量がまるで違うのです。

　そもそも関係を継続する相手の人数が全く違います。100万人単位、多いと1000万人単位となることも多いでしょう。これだけでもB to Bのリードナーチャリング向けに設計されたマーケティングオートメーションツールは音を上げるでしょう。システムがまともに稼働しないばかりか、ID数で利用料が上がっていく料金体系だと、とんでもない利用料になります。

　さらに扱うデータに購買データ・利用履歴データが加わります。少数の商品数なら何とかなっても、商品数が多いとそれだけで膨大なデータになります。O to O(Online to Offlineの略)などでリアルの店舗の来訪・購買データまで扱うと、途方もないデータ量となります。

　このデータ量の圧倒的違いが、既存のマーケティングオートメーションツールのB to C展開の大きな阻害要因となります。

B to Cマーケティングオートメーションのツール

　しかし、不可能ではありません。

　実際少数ではありますが、実行している企業もあります。

　本書ではツールとして実行可能だという前提で話を進めます。マーケティングオートメーションのツールベンダーとしてもB to Bでそこそこの浸透を終えると、次はどうしてもB to Cに行かざるを得なくなると思いますし、企業側のマーケターとしてもマーケティングオートメーションをB to Cでもやって成功させたいと思う人は増えるでしょう。それによりエンゲージするID数が数百万人、さらには数千万人単位までに至るツールを安く提供するツールベンダーが登場するのではないかと思います。

　また、マーケティングオートメーションと銘打ってはいませんが、プ

ライベートDMPやウェブ接客ツールの中には、すでに百万・千万単位の相手をエンゲージメントできるツールもあるので、環境としては整ってきていると考えてよいでしょう。

CRMのマーケティングオートメーションで一番重要な基軸は「ロイヤリティー」です。リードナーチャリングの際、リードの購入への温度感、今すぐ商談を始めたい気持ちの高ぶり、すなわち「ホット度合い」を判別することが重要だったように、CRMでは顧客の買い続けたい気持ちの強さ・熱さであるロイヤリティーを判別することが重要なのです。リードクオリフィケーションならぬカスタマークオリフィケーションの判別、それも自動判別が重要なのです。

自動判別である以上、アンケート調査をするわけにはいきません。対象者の全数把握とは程遠い人数（謝礼額にもよるが回答率はおそらく10％に満たないと推測）の実態でしかなく、しかも、高頻度で相手にアンケートするのは無理です。アンケート調査をしてパーセプション課題を明確化するのは、あくまでコンテンツ企画・コンテンツ戦略立案のためです。施策の自動実行を図るPDCAには、やはり行動データしかありません。

07 BtoCのカスタマー・スコアリングとそれを活かす施策

　リード・スコアリングは、すでにマーケティングオートメーションの実践者にはかなりポピュラーなものになっているでしょう。しかし、カスタマー・スコアリングという概念はまだあまり耳にしません。その言葉を使ってはいても、内容を見ると実態はすでに買った顧客ではなくこれから買ってくれるかもしれない見込顧客（リード）のスコアリングのことが多いでしょう。

　判別するのは顧客のロイヤリティーです。
　リードをコールドリード～ウォームリード～ホットリードと判別したように、点数によって、顧客を低ロイヤル客～中ロイヤル客～高ロイヤル客と判別するのです。
　スコアリングの構成要素は、

①顧客の属性データ
②顧客の心理データ
③顧客の行動データ

ですが、③の行動データが中心になるでしょう。

①顧客の属性データ：個人情報取得時のアンケートから主に取得
　性別、年齢、職業、家族構成、居住地域、当該商品の現時点での保有状況等。年収は答えてくれないことが多いのでこだわらない。

⇒ターゲットペルソナへの合致度で 20 点、10 点、5 点などとランク付け。

②顧客の心理データ

やはり個人情報獲得時のアンケートから主に取得。質問項目が増えるとアンケート途中で離脱される可能性があるため、どうしても必要と思われる内容以外は質問しない。全く質問しないことも選択肢。当該商品への期待・ニーズ（自社商品・競合商品の利用意向・利用実態）

⇒ターゲット戦略で決めたニーズとの合致度で 20 点、10 点、5 点というようにランク付け。

③顧客の行動データ

・ウェブ閲覧行動
・メール・LINE 開封・クリック
・購買データ
・利用履歴データ
・来店データ
・キャンペーン参加データ
・リアルイベント（工場見学会、会員向パーティー等）参加データ
・コミュニティー（自社サイトか SNS）来訪・閲覧の他、投稿・共有のデータ

⇒これらをロイヤリティーとの関係の強さから点数化。

あくまでたとえばですが、以下のように点数化してみます。

・年間購買（利用）回数：10 回以上を 20 点、5 回～9 回を 10 点、3 回 4 回を 5 点、1 回 2 回を 3 点とする

・継続購買（利用）期間：3年以上20点、1〜3年未満10点、半年〜1年未満5点

・メール・LINE開封1点、クリック3点

・ウェブサイト来訪2点、重要コンテンツページ閲覧5点

・キャンペーン参加5点

・リアルイベント参加20点

・コミュニティー参加5点、投稿・共有10点など

さらに減点要因も付加します。

・直近2カ月購買（利用）なしを−10点、直近3カ月連続購買（利用）なしを−30点

・メール・LINE開封・クリック、ウェブサイト来訪、コミュニティー参加いずれもなし2カ月間を−10点、3カ月間を−20点

・解約申込ページ閲覧は−40点など

　これにより、合計で0〜29点を低ロイヤル客、30〜79点を中ロイヤル客、80点以上を高ロイヤル客と判定します。

　統計学に長けた人であれば、理想のロイヤル顧客の行動、あるいは意識データでのロイヤリティーを目標変数として、上記の各行動を説明変数として重回帰分析し、目標への寄与度合いから数値化することも可能かと思います。

　ただし、前述のホットリード判別（P.190）でお話ししたように、いきなり決定版完成とはならないでしょう。試行錯誤で最適化することが必要だと思われます。P.227図表6-4の横軸をそれぞれの行動に置き換え、尺度だけでなく回数まで含めて因果関係を分析し続けることが必要でし

ょう。

　また、実際の運用には累積のスコアリングと直近のスコアリングの併用がよいかもしれません。

　たとえば、累積のスコアリングは中長期的視野に立ったロイヤリティーの醸成に使い、直近のスコアリングはより短期的・即効的な施策実行のために使うなどです。短期的・即効的とは、急にスコアが上がったらアップセル・クロスセルを自動配信するとか、急に下がったら離脱アラートを自動配信するといったことです。

マーケティングオートメーションでの自動実行

　ロイヤリティーを自動で判別した結果、打つべき施策を考えます。

　基本は以下の方針でしょう。

・高ロイヤル客⇒徹底的に「おもてなし」をしてロイヤリティーを維持。好みに合った提案をして料金額も高めることも必要だが、それ以上に熱烈なファン、アンバサダーとして他者への推奨を促す。
・中ロイヤル客⇒彼・彼女らが喜ぶ提案をして高ロイヤル客化を目指す。アップセル・クロスセルを一番積極的に行う相手でもある。
・低ロイヤル客⇒離脱させないことが一番大事。アップセル・クロスセルは無理に狙わずベーシックな価値をきちんと享受してもらうことが大事。
・離脱リスク客⇒解約手続きページ閲覧、もしくは急激なスコアリング低下発生者に対してコールセンターにアラートメールを配信し、すぐ直接コンタクトを取る。

　高ロイヤル客への「おもてなし」とは、日頃の感謝の気持ちを込めて

プレゼントキャンペーンをやる、お得意様向け特別感謝セールをやるなどはもちろんで、他にも以下のような施策をやってみることです。

・新商品モニター、もしくは発売前の試作品のモニターになってもらい、その声に真摯に耳を傾ける。商品改良などの提案があったら喜んで受ける
・リアルイベント（なかなかチケットが取れない人気のイベントへの無料紹介、工場見学会とその後の懇親会、本社ビル内での「感謝の集い」で経営者から直接感謝のメッセージ等）への招待
・ウェブサイトや広告・パンフレットに登場してもらう（人は基本的に皆ミーハーなのでメディアに載ると喜び、その会社のファンになりやすい）
・自社コミュニティー（自社コミュニティーサイト、Facebook でのコミュニティー等）での積極的発言を促し、企業事務局としてその発言を強く応援し、彼・彼女を人気者にする

　要するに、「あなたはウチの会社にとって特別な人なのです」と感謝を込めてメッセージし続けることです。

　マーケティングオートメーションで、高ロイヤル客に対してのみ上記施策への参加を促すメール・LINEを自動配信する。あるいは敢えて紙のDMを配信するのも有効です。紙のDM、またはクーポン券のほうが「ありがたみ」があり、大事な人を招待・接遇するのにふさわしいからです。今日では、紙のDMもeメール並みにパーソナライズが可能で、しかも安くスピーディーに配信が可能です。実際、eメールを紙のDMに替えたらコンバージョンが3倍になったという話も聞きます。

中ロイヤル客の高ロイヤル客化は、実際にもっと買ってもらい、素敵な体験をもっとしてもらうことです。アップセル・クロスセルをどんどん仕掛けましょう。商品が多い場合、リコメンドエンジンを利用するとコンテンツが適確で豊かに、かつ量も増え、客とのエンゲージがより深くなります。

　最悪、買ってくれなくとも、良いコンテンツを楽しんでもらえたら、あるいはためになる話を聞けたと思ってもらえたら購入金額は増えなくとも、ロイヤリティーは高めることができます。

　公式サイトだけでなく、コミュニティーサイトで熱烈なファンの声を聞くのもロイヤリティーを高めるのみ寄与するので、未参加者へは積極的に参加に誘いましょう。購入金額が一定以上になったら、もしくはロイヤリティースコアが一定以上に達したら、コミュニティーへのお誘いメッセージを自動配信しましょう。

　ポイントプログラムのデータと繋ぎ合わせて、「あと○○円買ってくれたらゴールド会員になれます！」と自動的にメッセージするのもよいでしょう。

　低ロイヤル客、特に購入回数が少ない客にはセールス情報だけでなくブランドとしてのメッセージや世界観を徹底的に刷り込むことが大事です。なぜなら、1回や2回買ったくらいではまだカスタマーとは呼べないことが多いからです（P.217参照）。

　「安い」「得だ」だけで買う客にはロイヤリティーは発生しません。安さを求めて自社他社の商品・サービスを渡り歩くだけです。ブランドとして好きになってもらうことが重要です。一般論ですが、ブランドへの好意度と接触回数には強い相関があると言われます。コンテンツさえ良ければ回数は多いほうがよいのです。

　「楽しい！」「ワクワク、ドキドキさせられる」「そう、その通り。よく

ぞ言ってくれた！　共感できる」「ためになる話を聞かせてもらえた」などを何回も体験してもらいましょう。

　マーケティングオートメーションで、たとえば2回リピート（＝3回購入）するまでメール・LINEでブランドメッセージを発し続け、2回リピートしたら終了と設定しておくのがよいと思われます。

　離脱リスク客は深刻です。「解約申込画面を閲覧した」はもちろん、ロイヤリティーの直近のスコアが急激に下がったら、客にアンケートメール等を自動配信し、「満足度が低下していないかどうか」「何か不平・不満が発生したのか、それはどんな内容か」を察知できるようにしておきます。

　同時にコールセンターにも即アラートメールを自動配信します。メール・LINEだけの対応では力不足かもしれませんから。

　客は何らかの不満を抱いた時、とりあえず相手に不満を直接ぶつけられれば、解決に至らなくても不満の半分は解消すると言います。「怒られるのがイヤだから電話しない」ではなく、敢えて怒られにいくことが大事です。それで離脱を阻止できれば安いものです。

08 法人既存顧客への マーケティングオートメーション

　B to CのCRMのマーケティングオートメーションについてお話ししてきましたが、B to Bですでに顧客化している客に対しても、マーケティングオートメーションは有効です。

　「すでに一度お仕事している相手なのだから、直接会って話してみればいいじゃない」とも考えられますが、たいていの場合、営業もそれほど暇ではないので、過去にお付き合いのあった客だからといって、頻繁にご機嫌伺いはできません。今稼げる客に足しげく通うでしょう。

　しかし、ここに大きな落とし穴があります。しばらく遠のいていた客とある時、久々に話したら、競合他社と新たな仕事をしていることを知らされ顔面蒼白になるという事態です。私が営業をやっていた時、「前回の仕事が上手くいったから、次に新たな仕事がある時は私に声をかけてくれるはずだ」と勝手に思い込んでいたら、ある時、競合他社とその新たな仕事を進めていることが発覚し、上司から3カ月間くらい罵倒され続けた経験があります。「抜かれた」のです。

　客が新たな仕事を誰かに相談したい時や、どこかの会社に発注したい時は、今であればウェブサイトで情報をまず得ようとするでしょう。自社の商品・サービスの何かが解決策になる場合は、自社のウェブサイトを来訪する可能性があります。その客は、すでに過去取引があった客だったとします。すでに顧客としてデータベースに入っているので、即座

に担当営業にアラートメールを自動配信します。「あなたの担当の◇◇企業の○○さんが昨日自社ウェブサイトの□□ページを閲覧しましたよ」と。

もしくはナーチャリングメール配信してすでに1年くらい一度も開封すらしてくれなかった以前の客が、あるテーマのメールに対して突然開封し、同封資料をクリックして閲覧したとわかった時、やはり担当営業にアラートメールを自動配信します。少なくとも何らかの関心が相手に発生したと推測されますから。

それに対して、担当営業としてどういう行動を取るかは慎重に考えます。いきなり「○○さん、お久しぶりです。昨日ウチのウェブサイトで□□ページ見ましたね。お話聞かせてください。何ならすぐご提案しますよ」と電話したらどうでしょう？

おそらく相手の客は引きますよね。「いえいえ、ちょっと待って。いきなり何ですか。まだそんな段階じゃないですよ」となるのではないでしょうか。そして「私の行動、そこまでチェックされているのか！何か気味悪い。気楽にウェブサイトも見られないじゃないか」と思われる危険性があります。

私はこんな時、インサイドセールスの出番だと思います。担当営業にアラートメールを配信するだけでなく、インサイドセールスにも配信するのです。「ウェブサイトの閲覧者を定期的にチェックしている者です。閲覧された内容についてちょっとだけお聞きしてもよろしいですか？」「関心を持っていただいてありがとうございます。ちなみにこの内容について、今、何か具体的に検討中ですか？」といった会話を淡々として、相手の様子を伺います。

そして、「実は今この内容について社内でプロジェクトが発足し、相談できる会社を探しているのです」と答えた客、すなわち実ビジネスとしてニーズが発生している客に対してだけ、「弊社でも相談に乗れる人間がいますよ。紹介しましょうか？」とごり押ししないで話を進めます。「今調べて見ると、以前に御社とお仕事させていただいたAという者がおりますが、彼に話を引き継がせて構いませんか？　それとも他の者を紹介しますか？」と落とし込みます。

　無理やりかつての担当営業Aをすすめる必要はありません。客が知り合いの担当営業ではなく、ウェブサイトで情報収集していたのは、過去の仕事で担当営業に満足していなかったためかもしれないのです。担当Aをごり押しすると、会社としてのチャンスロスになるかもしれません。アンケート調査でもするように、淡々と客の気持ちを理解することに徹するほうがよいでしょう。「A以外の人のほうが嬉しい」と言われたら、Aの上司にその旨を伝えて別の人をアサインしてもらいましょう。

　これは、**対面営業に頼らないマーケティングオートメーションとインサイドセールスによる既存顧客への新ビジネスチャンス察知・開花プログラム**です。こうすれば、競合他社に「抜かれる」ことも少なくなるのではないでしょうか。

　対面営業は相手によっては圧迫感を与え、本気で自社と商談をしたいという気持ちになるまでは、メールのほうが気持ちよく話が進められるのです。何度かメールした後は、テレビ会議で話すのもよいでしょう。資料を共有しながらのほうが話を進めやすいことが多いからです。

　コロナによってリモートワークの価値を今多くの人が実感していると

思います。仕事は「対面」にこだわらなくてもよいのだと。営業活動も今後は「対面しない営業」が増えるのではないでしょうか。全くの新規客に対してはハードルが高いかもしれませんが、すでに面識のある客、以前にメールでやり取りしている客に対しては、テレビ会議で十分いけるのではないでしょうか。「営業は足が命」という時代は徐々に過去のものになるかもしれません。

「マーケティングオートメーション×インサイドセールス」が、法人営業の新規顧客へのナーチャリング・クロージングにおいても、既存顧客への新ビジネスチャンス察知・開花においても、新しい時代の主役となれると私は考えています。

09 CRMの戦略シート

　戦略シートに盛り込むべき内容は、次の2つです。

①行程のスタートとゴールを行動だけでなく心理（パーセプション）で
　も規定
②コンテンツと手法

　CRMの場合は、ゴールの考え方が2つに大別されますが、ターゲット
戦略でゴールをどう設定したかによって選びます。

顧客のLTV最大化が目標

　ロイヤル顧客としてどれだけ長くたくさん使い続けてくれるかという
視点でゴール設定します。「顧客1人から得られる年間収益（または利用
回数）目標」×「継続年数」といった行動ベースの目標とした場合、パー
セプションベースのゴールは、「○○は私の生活にとってかけがえのな
いパートナー（○○なしには当社のビジネスは成立しない）。これから
もずーっと使い続けていく」となるでしょう。

アンバサダー化が目標

　客が自分自身ロイヤル顧客として使い続けるだけでなく、熱烈なファ
ンとして自身の周囲の人に対して、またはネットでの書き込みを通して
熱く推奨してくれる人を理想の顧客とする場合です。そもそも購買デー
タが取れないCRMの場合は、あくまでファン育成のためのエンゲージ

メントなので、当然、目標はアンバサダー育成となります。

パーセプションベースのゴールは、「私は○○の熱烈なファン。皆にもすすめたい」「○○は本当に最高！　同じ課題を持った人には必ずすすめている」等となります。行動ベースでは「コミュニティーサイトで投稿・共有（シェア・リツイート等）を年□回以上」「ユーザー会（OB・OG会）参加□回以上、登壇◇回以上」等となるでしょう。

CRMはリードジェネレーションやリードナーチャリングと比べ期間が最も長期間に及び、心境の変化も大きいことが想定されるので、戦略シート自体も、行程細分化したものがデフォルトとなるでしょう。

リードジェネレーション、リードナーチャリング同様に、競争戦略後半の検討を参考に、一般的パーセプションだけでなく、競争に勝つためのパーセプションも併記しておくとよいでしょう。

図表6-5　CRMの戦略シート

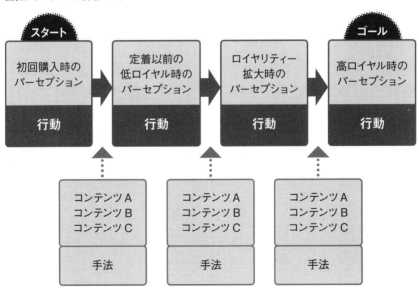

図表6-6　戦略シート作成事例：コンテンツマーケティング2.0

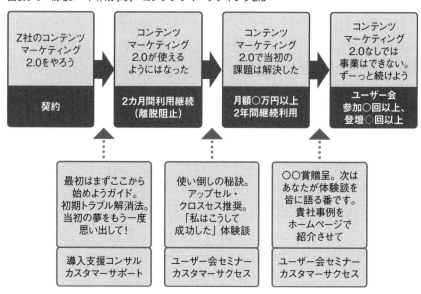

図表6-7　戦略シート作成事例：学習塾

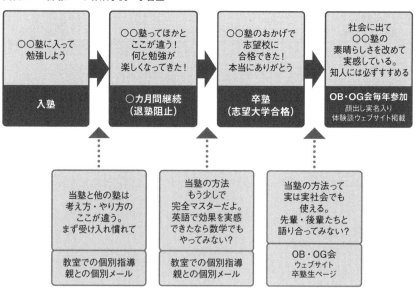

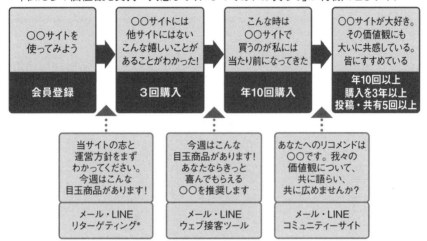

「いいものを安く」というよりむしろ
「私たちの価値観を支持・共感してくれるのであれば買って」が特徴のECサイト

*個人情報取得済みだが、まだロイヤリティーのない顧客以前の心理だと想定

10 全体行程の俯瞰

「はじめに」の中で、「最終ゴールまで見据えて大きなシナリオを書く」「『どんな客と出会い、どう関係を深め、最終的にどんな客になって欲しいのか』を長期的視野で見通すことが不可欠なのです」とお話ししました。

これを実行するために、全体行程を俯瞰してみましょう。方法は簡単です。「リードジェネレーション」「リードナーチャリング」「クロージング」「CRM」の戦略シートを繋げればよいのです。

クロージング部分は新たな作成が必要です。インサイドセールスと対面営業に分けて作成しましょう。具体的パーセプションは細かくなり過ぎるため、全体行程では省略してもよいでしょう。

図表6-9はコンテンツマーケティング2.0の全体像です。

ターゲット戦略でも取り上げた学習塾についても、全体行程を描いて俯瞰してみましょう〈P.252図表6-10〉。高校から社会人までの長い長いエンゲージメントです。

図表6-9　コンテンツマーケティング2.0の全体行程

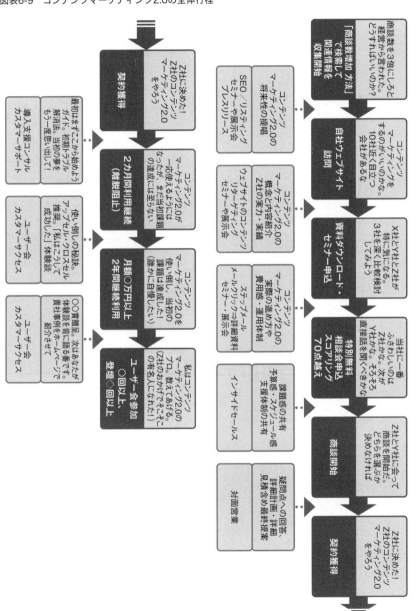

図表6-10　学習塾の全体行程

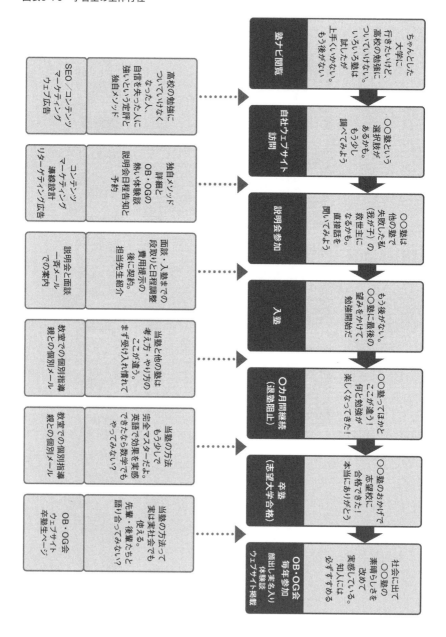

252

第 7 章

ワークショップによる戦略シート作成

01 ワークショップの目的

　エンゲージメントマーケティングを「施策から始める」「ツールから始める」ではなく、「戦略から始める」ための指南書となること……それが本書の趣旨です。

　「戦略から始める」とは言っても、「マーケティング戦略論とは」のように頭でっかちな戦略立案を想定してはいません。最低限の決め事をして間髪入れずに施策立案に移り、実行開始に至ることを狙っています。

　従って、戦略立案を、ここまでの章でも解説してきた「戦略シート」というシンプルな形にして、それを埋めることをもって戦略立案とするというものです。

　それは自身でやってももちろんよいのですが、マーケティングの立案業務に慣れてない人に対しては、ワークショップによる戦略シート作成がよいと考えています。理由は3つあります。

・指導・アドバイスしてくれる人がいたほうが心強い
・1人で考えるよりチームでディスカッションしたほうが議論が深まる
・他のチームのアウトプットも参考・刺激になる

　実際、この戦略シートを使ったワークショップも行いました。参加者は、最初は「大丈夫かな」と思っていても、最後は「ここまで辿り着いたか！やればできるんだ」と思えるものです。

　ここでは、そのワークショップの進め方を簡単にご紹介します。

ワークショップの目的は、伝統的マスマーケティングと異なる、デジタルを駆使したエンゲージメントマーケティングについての理解を深め、その施策の実行に向けた最初のステップとなる基本的な考え方・戦略立案方法を学ぶことです。

　マーケティング自体への知識・経験がない場合は、マーケティングする意味や立案方法そのものも学ぶことになります。

　戦略立案とは、SEOやコンテンツマーケティング、運用型広告、ウェブサイト構築、ナーチャリングメールのシナリオ、CRMといった個々の施策立案の前に位置し、個々の施策立案のミッションや方向性を規定するものであることを理解します。

　これを行わないまま個々の施策立案を開始すると、マーケティングの全体像なしに個別施策を論じることになり、「そもそも施策が達成しなければならない役割は何であり、それは全体のマーケティング成果にどう結び付くのか」「個々の施策は何をもって成功か否かと判断するのか、それは全体のマーケティング成果の成否にどう寄与するのか」が不明確なまま、狭い視野での施策実行となります。最悪、部署間でのセクショナリズムに陥ります。

　また、ターゲット戦略・競争戦略が不分明なまま施策立案すると、どうしてもコンテンツ企画が緩くなり、ありきたりのコンテンツ、すなわち相手を動かすコンテンツにならない可能性が高くなるのです。

02 実際の進め方

　4～5人程度のチーム編成として、チームごとに対象商品・サービスを決めます。架空のものではなく、実際の業務の対象となっている商品・サービスがよいでしょう。

　チームは何チームでもよいのですが、そのうちひとつは、人事の採用を題材にしたチームがよいでしょう。エンゲージメントマーケティングは人材獲得でもそのまま使えるものだからです。マーケティングオートメーションツールの導入が最も進んだ業種のひとつがヒューマンリソース業界です。

　毎回1時間～1時間半程度のセミナーを実施後、チームでの討議・戦略シート作成を行い、最後にチームごとに発表する形式がよいでしょう。1回は合計3～4時間くらいが目安でしょうか。チームでの検討がなかなか進まない場合は、発表はせず、セミナー講師でありワークショップ実行者がチームの議論に入り、アドバイスしながらチームごとの作成を導くのがよいでしょう。

　昨今はコロナの影響でリアルの場でのセミナー・ワークショップができなかったため、テレワークでの実施となったこともありましたが、十分に実行可能です。

　実際に私が行った例で説明すると、まずリモートで私がセミナーを行い、その後はチームごとにリモートで検討し、3日後にメールによる最

初の質問と私からの返答を行います。さらに10日後に、やはりメールにより2回目の質問と私からの返答を行い、次回ワークショップの5日ほど前に戦略シートを私に提出し、その総括を次回ワークショップ冒頭のセミナーで行うという方法です。

　もしくはリモートでのセミナーの後、Zoomのブレイクアウトルーム機能等を使って各チームの議論に私が参加し、戦略シート作成支援をするという場合もあります。

03 セミナー・ワークショップの内容

　あくまでひとつの基本形ということですが、計8回での開催を想定すると、たとえば以下のような内容となります。具体的にどんなことをすればよいかの参考にしていただければと思います。

第1回：趣旨説明とワークショップ全体の流れ
「今なぜエンゲージメントマーケティングなのか」「エンゲージメントマーケティングとは何か、どう計画立案すればよいか」のセミナーを行います。
　エンゲージメントマーケティングの目標と全体像、そして主な行程での施策例等も紹介。ワークショップ全体を通したアウトプットイメージを持ってもらうことが大切。
　チームへの課題は「対象商品・サービスを決めること」です。

第2回：ターゲット戦略
　本書でも紹介している通り、マーケティングの最初はターゲットの規定。「どんなニーズを持ったどんな人？」という伝統的マスマーケティングと同じ規定方法に加え、「どんな検索ワードで検索する人？」、さらにはターゲットに辿り着いて欲しい最終的な姿も戦略シートを使って規定します。
　チームへの課題は戦略シートに加え、ペルソナも作成。

第3回：競争戦略

セミナーで競争戦略の全体像を紹介した後、競争戦略の前半第3回戦「2〜3社間の厳しい比較検討」の戦略シート、すなわち競合比較表を作成。前半第1回戦・第2回戦や後半の計3回戦もありますが、ワークショップでは基本となる前半3回戦だけを作成してもらいます。

全ワークショップを通して最も難しい内容であり、短期間で実戦に使えるレベルに至るのは、たいていの場合は難しいと思いますが、プロが実務としてやる時ですら納得がいく答えが出ないことがあるくらいなので。あくまで経験して立案方法を学んでもらうのが目的です。

自社に甘い手前みそな競合比較表は絶対にNG。現状で勝機が見えない時は、現状の評価と目指したい評価を峻別して作成（例：「○⇒◎」のように現状では○だが、これを◎に変える）。

第4回：電通 TPCM

電通の開発したマーケティングコミュニケーション立案方法である「TPCM」の習得。

マーケティング・コミュニケーションは、Target Perception Contents Meansを考えることであり、それ以上でもそれ以下でもないというもの。「ターゲットを決めたら次に何を伝えるか考える」は間違いです。「ターゲットを決めたら、次はそのターゲットにどう思ってもらいたいのかを考える。その後にそのためには何を何によって伝えるのが効果的かを考える」が正しいのです。「パーセプションから考える」という基本姿勢の意味と方法を学びます。

戦略シートは電通が開発したTPCM自体。

この全体図は次ページに掲載しておきます。

図表7-1　電通TPCM

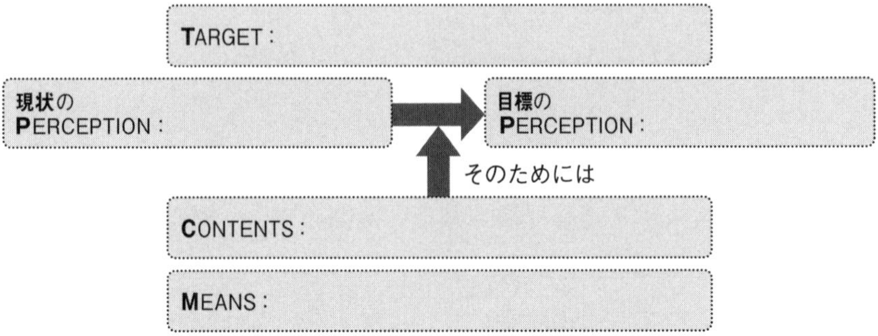

TARGET：

現状の
PERCEPTION：　→　目標の
PERCEPTION：

そのためには

CONTENTS：

MEANS：

第5回：リードジェネレーション

　リードジェネレーションの目的と主な施策をセミナーで説明の後、リードジェネレーションの戦略を戦略シート（電通TPCMをベースとしたもの）で作成。

　パーセプションは目標パーセプションだけでも可とします。目標パーセプションに寄与する具体的パーセプションは、競争戦略が明確に固まっていなければ立案するのが難しいためです。

　一番のポイントは、リードの個人情報をどの方法によって取得するかをしっかり決めること。B to Cで契約という行動を取らない商品の場合、意外に難しいと言えます。なぜなら、購買データも取れないことが多いはずなので、「買ってくれそうな人全員」とエンゲージメントするのは難しいからです。

　無料サンプル請求か、もしくは「一部のファン候補の個人情報を取得して熱烈なファンに育成する、アンバサダー化する」というストーリーを念頭に、入口であるリードジェネレーションを考えるとよいでしょう。

第6回：リードナーチャリング＆クロージング

　本書で紹介した内容をセミナーで紹介した後、リードナーチャリング

の戦略を戦略シート（電通TPCMをベースとしたもの）で作成。

　マーケティングオートメーションに実装することを想定したステップメールのシナリオはこのワークショップでは作成不要。それは、実際の個別施策立案で行う作業です。

　一番のポイントは何をもってホットリードと見なし、インサイドセールス、フィールドセールス、コールセンター、もしくは販売代理店にバトンタッチ（送客）するかの記載です。

　来店予約、見積請求、無料体験イベント申込、スコアリング60点など、仮説でもよいので記載します。複数でも構いません。

第7回：CRM

　CRMの目的と全体像・主要施策の紹介後、CRMの戦略シート（電通TPCMを数珠繋ぎにしたもの）を作成。初回購入（契約）からロイヤル顧客、もしくはアンバサダーまでの行程を描きます。行程はいくつあっても良いのですが、本書で紹介しているように、基本となる以下の①〜④で作成してみてはどうでしょう。

①スタートとなる初回購入時のパーセプション
②（離脱阻止・スムーズな利用開始を狙った）定着以前の低ロイヤル時のパーセプション
③（アップセル・クロスセル等を狙った）ロイヤルティー拡大時のパーセプション
④（ロイヤル顧客・アンバサダーとなった）高ロイヤル時のパーセプション

　B to Cで購買データ・利用データが取得できない商品の場合は、アンバサダー育成のシナリオとして描きます。

CRMまでを終了すると、最初のターゲット戦略で規定したゴールとなる理想の顧客像までのエンゲージメントがこれで完成。ただしクロージングの部分、インサイドセールスから対面営業による初回契約獲得までは、新たに作成する必要があります。自社の営業行程管理に従って作成してみてください。P.264・267・268にそれも加えた全体像のものを作成してありますので、参考にしてください。

　リードジェネレーション、リードナーチャリング＆クロージング、CRMの戦略シートを横に繋げると全行程の設計図、カスタマージャーニーとなります。

第8回：総括と個別施策立案に向けて

　全体総括と戦略立案の次のステップである個別施策立案に向けた橋渡し方法を学びます。

　個別施策の立案・実行をいきなり全て社内で行うのは難しいので、専門会社やツールベンダーとの協業になります。

　個別施策立案の簡単な紹介と協業相手を紹介します。

　一番のポイントは事業者マーケティングチームとして専門会社・ツールベンダーとどう向き合うか、自身が外してはならないスタンスを理解することです。

04 セミナー・ワークショップの別バージョン

　もうひとつ紹介したいのは、後半を全体カスタマージャーニーとして作成するやり方です。

　これは私の前著『マーケティングオートメーションに落とせるカスタマージャーニーの書き方』で紹介したもので、この本で紹介した戦略シートと基本的な考え方は同じです。パーセプションとセットの行動が、遷移指標として縦長縦書きに変わっているだけです。

　第1回から第4回、および最後の第8回は上記と同一です。

第5回：カスタマージャーニー①　パーセプションと遷移指標

　企業のマーケターの視線ではなく、顧客の視線で心理と行動の変容を描きます。

　B to Cの場合は、パーセプションは描けたものの、行動は自社と接点のないものが多くなり、エンゲージメントができないケースがかなりあると思います。これは、客が自社との関わりを持たずに行動しているケースです。販売代理店や一般流通を通じた店舗販売を行っている場合は、たいていそうなります。

　従って遷移指標は白紙、もしくは自社で補足不可能な行動（比較サイトを見た、テレビ広告を見た、書籍を読んだ等）を書くことになると思いますが、最初はそれでも構いません。しかし、次の作業で自社との直接の関係を築ける行動を探します（限られた人しかそうした移行をしないとしても）。

図表7-2　B to Bカスタマージャーニー：初回契約までのパーセプションと遷移指標

経営から工場の省エネ推進のため新コンプレッサー導入を指示された。どうしたらいいか？	当社に合いそうなコンプレッサーはA〜Jの10機種あるのか。もう少し調べよう	当社が導入するとしたら、AかDかHだろう。更に詳細比較・検討しよう	本命D対抗Aか。直接会ってみて話をしたほうがいいだろう。商談開始だ	私としてはDに決めたいと思うのだが。経営決裁を取らなければ	Dで経営決裁が下りた！正式契約だ！
	自社ウェブサイト訪問	資料DLウェブセミナー申込	アポ取り成功	担当レベルの仮決定	初回契約獲得成功！

図表7-3　B to Bカスタマージャーニー：ロイヤル顧客までのパーセプションと遷移指標

Dで経営決裁が下りた！正式契約だ！	いよいよ契約して導入開始。まずは始めてみよう。ちゃんと使えるようになるかな	一応使えるようになったが、成果が十分とまでは言えない。もっと使い倒そう	3年間使って、もうDのない当社ビジネスはあり得ない。ずーっと使い続けよう	Dは本当に最高！熱烈なファンとして、私が社のために何かしてあげたい
初回契約獲得成功！	実際の稼働開始	1年間利用	3年間利用・アップ&クロスセル	5年間利用・ユーザー会で表彰・登壇

図表7-4　B to Cカスタマージャーニー：初回購入までのパーセプションと遷移指標

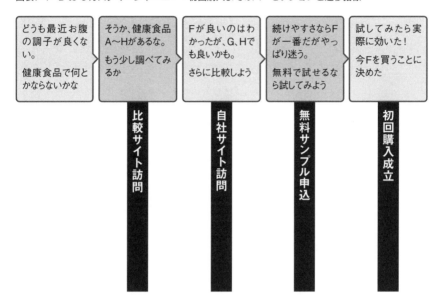

図表7-5　B to Cカスタマージャーニー：アンバサダーまでのパーセプションと遷移指標

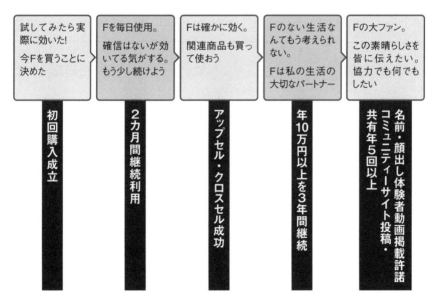

265

第6回：カスタマージャーニーの完成　前半・初回購入まで

　第5回と頭を切り替えて、今度は企業マーケターの視線で作成します。

　具体的には、第5回で策定したパーセプションの変化を惹き起こすには、どんな施策を打たなければならないかを考えます。つまりコンテンツと手法の立案です。エンゲージメントマーケティングの全体像を俯瞰できることが主目的なので、コンテンツと手法は大雑把なものでよいと思います。

　B to Cの場合は、全リード（またはウェブサイト訪問者の匿名ID）とのエンゲージメントは難しいことが多いと思われますので、個人情報が取得できた少数の好意的リードとのエンゲージメントでもよいでしょう。「自社と関わらない選択行動に完全に委ねます」ではなく、「少数でも関わりを持つべく個人情報を獲得してエンゲージメント開始する」を目指します。次ページ以降に、B to BとB to Cのカスタマージャーニーの前半施策の例をそれぞれ掲載しておきます。

第7回：カスタマージャーニーの完成　後半・ロイヤル顧客化・アン
　　　　バサダー化まで

　第6回同様、顧客の視線ではなく企業マーケターの視線で施策を立案します。

　B to B、B to Cを問わず、購買データが取れないというケースが結構あると思います。その場合はロイヤル顧客化、LTV最大化をゴールとすることはできません。あくまでファン化、それも熱烈なファン化、アンバサダー化がゴールとなります。コミュニティー、ユーザー会が中心的施策となるでしょう。そこでの参加行動（投稿・共有行動等）が重要な指標となるはずです。こちらもP.269以降に、B to BとB to Cのカスタマージャーニーの前半施策の例をそれぞれ掲載します。

図表7-6　B to Bカスタマージャーニー：初回契約までの施策

経営から工場の省エネ推進のため新コンプレッサー導入を指示された。

どうしたらいいか?

・省エネに効果あるコンプレッサーの選び方
・D社から新型コンプレッサー発売!

▶コンテンツマーケ　▶ニュースリリース　▶リスティング

自社ウェブサイト訪問

当社に合いそうなコンプレッサーはA～Jの10機種あるのか。

もう少し調べよう

・D社商品のユニークで画期的構造、〇千件の実績
・開発主査が語る商品哲学や開発秘話

▶コンテンツマーケ　▶リタゲ　▶展示会出展

資料DL、ウェブセミナー申込

当社が導入するとしたら、AかDかHだろう。

さらに詳細比較・検討しよう

・競合比較表　　・「D社を選んで大正解」顧客体験談
・見積概算、導入支援体制

▶メール　▶DL用資料　▶セミナー　▶インサイドセール

アポ取り成功

本命D、対抗Aか。直接会ってみて話をしたほうがいいだろう。

商談開始だ

・詳細提案　・見積の妥当性（一見高そうだが実は割安）
・体験イベント招待

▶営業　▶体験イベント招待

担当レベルの仮決定

私としてはDに決めたいと思うのだが。

経営決裁を取らなければ

・決裁用資料、作成協力
・トップvsトップの懇親

▶営業　▶トップセールス

Dで経営決裁が下りた!

正式契約だ!

初回契約獲得成功!

どうも最近お腹の調子が良くない。

健康食品で何とかならないかな

その原因は腸の機能不全、治すには乳酸菌F入りの毎日飲みやすい健康食品Fを！ 私（タレント）もおすすめです

▶テレビCM　▶SEO/リスティング　▶GDN・YDN

戦略意図をもって前倒しで自社サイト来訪を促す

自社ウェブサイト訪問

そうか、健康食品A〜Hがあるな。

もう少し調べてみるか

乳酸菌F研究20年の開発者が語るFの腸への働き。こだわった毎日飲みやすい味と形状

▶自社サイトのコンテンツマーケティング　▶導線設計　▶リタゲ

詳細ページ・体験者動画閲覧

Fが良いのはわかったが、G、Hでも良いかも。

さらに比較しよう

「いろいろ比べたけど私はFを選んで大正解」という利用者体験談動画「今なら1カ月無料お試しできます！」

▶自社サイトのコンテンツマーケティング　▶導線設計　▶リタゲ

自社サイト詳細コンテンツ閲覧を促す

無料サンプル申込

続けやすさならFが一番だがやっぱり迷う。

無料で試せるなら試してみよう

高いようで意外と良いコスパ今なら〇〇円！更に素敵なプレゼントも！

▶コールセンター　▶メール・LINE　▶DM

戦略意図をもって自社サイト詳細コンテンツ閲覧を促す

初回購入成立

試してみたら実際に効いた！

今Fを買うことに決めた

Dで経営決裁が下りた！ 正式契約だ！	**初回契約獲得成功！**
	・正しい商品の使い方 ・トラブル対処法 ・始めて使えた時の喜びの体験談 ▶カスタマーサポート　▶メール　▶同梱リーフレット
いよいよ契約して導入開始。 まずは始めてみよう。 ちゃんと使えるようになるかな	**実際の稼働開始**
	・アップセル・クロスセル ・ビジネスの成果に結び付けるためのとっておきの方法 ▶カスタマーサクセス　▶電話・DM　▶メール
一応使えるようになったが、成果が十分とまでは言えない。 もっと使い倒そう	**1年間利用**
	・達人が教える使い倒しの秘訣 ・D社を使ってビジネスの成功を勝ち得た顧客の喜びの体験談 ▶カスタマーサクセス　▶ユーザー会
3年間使ってもうDのない当社ビジネスはあり得ない。 ずーっと使い続けよう	**3年間利用・アップ＆クロスセル**
	・顧客同士の「こんな時はこうすれば成功できた！」「D社にここの改善を提案しよう」 ▶ユーザー会　▶カスタマサクセス
Dは本当に最高！ 熱烈なファンとして、私が社のために何かしてあげたい	**5年間利用・ユーザー会で表彰・登壇**

図表7-9　B to Cカスタマージャーニー：アンバサダーまでの施策

	初回購入成立
試してみたら実際に効いた！ 今Fを買うことに決めた	・使い続ける秘訣 ・満足度アンケート ・一度やめて後悔して戻ってきた人の体験談 ▶LINE　▶同梱チラシ　▶コールセンター
	２ヵ月間継続利用
Fを毎日使用。 確信はないが効いている気がする。 もう少し続けよう	・母（娘）も使おうキャンペーン ・辛い症状にはFの医薬品タイプも推奨 ご愛顧感謝キャンペーン ▶LINE　▶同梱チラシ　▶コールセンター
	アップセル・クロスセル成功
Fは確かに効く。 関連商品も買って使おう	・「Fを使って人生をもっと楽しく」と仲間と語り合いませんか？ ⇒コミュニティーへの誘い ・新商品モニターで協力してください ▶LINE　▶コミュニティー　▶リアルイベント
	年10万円以上を3年間継続
Fのない生活なんてもう考えられない。 Fは私の生活の大切なパートナー	・コミュニティーサイトでの投稿・共有促し ・工場見学会・会員向特別イベントへの招待 ・メディアで実名・顔出し体験談お願い ▶LINE　▶コミュニティー　▶リアルイベント
	名前・顔出し体験者動画掲載許諾 **コミュニティーサイト投稿・共有年5回以上**
Fの大ファン。 この素晴らしさを皆に伝えたい。 協力でも何でもしたい	

第6回・第7回は、顧客視線でなくマーケター視線でと言いましたが、一度施策を立案したら、再度顧客視線に戻り、「このコンテンツをその場（手法）で見たら、本当にパーセプションが期待通り変化するだろうか」と自問自答します。「顧客の心理を洞察⇒施策の立案」、次に「施策の立案⇒その施策の結果起こる顧客心理の変化を洞察」を行います。言わば顧客心理と施策立案を行ったり来たりするわけですが、それが顧客視線に立った施策立案の方法です。

　このパーセプションチェンジを主軸にしたカスタマージャーニー、前作の出版以降にB to C、B to Bを問わず相当数の企業・商品のケースで作成するに至りました。
　「大雑把過ぎてこのままでは施策やツールに落とせない」「マーケティングオートメーションの現状ツールでは実行できない部分が結構ある」といった批判もありますが（確かにそういう面もあるでしょう）、実際にワークショップ等で作成してみると、肯定的な評価のほうがはるかに多いと感じます。

　「マーケティングの知識がなくてもパーセプションなら行程を描けるから取っつきやすい」「カスタマージャーニー作成が課題抽出中心になることが多く、打ち手の立案は改めて場を変えて考えなければならないが、これなら同時に打ち手の議論もセットでできる」「デジタル施策に閉じておらず、リアルやマス、あるいは営業まで広い視線で描けているので全体がダイナミックに俯瞰できる」といった評価です。

　私が意外だったのは、ワークショップを毎回見学した某社長のコメントです。「マーケティング、インサイドセールス、フィールドセールス、カスタマーサポート、それぞれの部門の役割が一気通貫で密接に結び付

271

いているので、私が今、問題だと思っている部門ごとの部分最適化思考から抜け出せるだろう。セクショナリズムを根絶したい私にとっては、全体を俯瞰して見られるこの設計図は大変嬉しい」

エンゲージメントマーケティングは、**従来の商品担当別事業部制とは全く異なり、同じ1人の実名客と部門をまたいで継続的に対話し続け、長い時間をかけて理想の顧客に育成するマーケティング**です。部門ごとに部分最適化思考で業務するのは、「部門をまたいで1人の客と継続的に対話し続ける」の否定にほかなりません。

実際の施策実行に向けては、改めて個別施策の企画立案が必要になります。
従って、ワークショップのアウトプットは、大雑把ではあっても全体が俯瞰できるものがよいのです。上記2つのいずれの内容構成にしても最終アウトプットは基本的には同じです。

ぜひトライしてみてください。

おわりに

　前作『マーケティングオートメーションに落とせるカスタマージャーニーの書き方』の出版以降、セミナーや講演でたびたび「パーセプションから考える」という話をしてきました。しかし、ITベンダーやデジタルマーケティング会社の方々には、どうもこれが取っつきにくいようです。日頃の業務で使うことがないためでしょうか。

　そのため、本書の中でもしつこいほど語っている**「パーセプションによる課題設定とそれを明確化するための調査」**の話を持ち掛けても反応が良くないのです。私としてはこのパーセプション調査をもっと取り入れるべきだと信じているのですが、あまりピンと来ないようです。これには、おそらく2つの理由があります。

　1つ目は調査スキルがないことからくる漠然とした不安感でしょう。

　伝統的マスマーケティングをやっている人からみたら「調査は当たり前」「もう調査はやり尽くしたら勘弁して」なのですが、デジタル系の人は逆のようです。アンケートの文案作りから苦手意識が起こります。アンケートの文案はたいていパーセプションだらけですから。

　ウェブ解析ツール、マーケティングオートメーションツール、CRMツール等のデータは、すでに設計が終了していて使うだけのデータですが、アンケート調査はデータを設計するところから始めなければなりません。

　私としては「マーケターになるなら調査もちゃんと習得して」と言いたいのですが、どうしても苦手な人には、最初はインタビューなどの定性調査を行うことをおすすめします。客の肉声こそがパーセプションなのですから。マーケティングの手掛かりは常に客の肉声の中にあるもの

です。

　ピンと来ないもうひとつの理由は、「パーセプションで課題設定したほうがコンテンツのアイデアが出る」ということが理解しにくいのだと思います。

　こればかりは実際にやってみないとわかりませんが、私がおすすめしている方法があります。「そのパーセプションを抱かせるにはどんなコンテンツを語ればよいか？」への答えを考える時、「今しばらくの間、皆さんが現在、ウェブサイトのコンテンツ制作、メールのコンテンツ制作をしていることを忘れてください」と言います。

　そして、「そもそも人がそのパーセプションを感じる時ってどんな時？」「どんな状況でどんな刺激を受けた時に人はそのパーセプションを抱くのか？」を考えてみるのです。B to Bでは「クライアントにこう言われたことある？　それはどんな時？」「クライアントからそう評価された時の理由は何でしたか？」など、今までの業務でのクライアントとの会話をもう1回思い出してみてください。たいていそこにコンテンツアイデアの手掛かりがあります。

　とにかくマーケティングはパーセプションが大事。アメリカの超有名なマーケティングの大家ドン・シュルツ先生も著書『IMC革命 (The Evolution of Integrated Marketing Communications)』の中で、「マーケティングとはつまるところパーセプションチェンジである」と言っています。私は、デジタルの時代にあってもこの真理は全く不動だと思います。

　このこととも関係するのですが、私の今一番のテーマは「ウェブサイト訪問者、見込顧客、顧客へのアンケート調査」を広めることです。通常のウェブ調査ではなく、すでに自社と関係が発生している人への調査

です。私自身、実施経験が少数しかありませんが、その伝道師になりたいので興味ある方はぜひご一報ください。喜んで協力させていただきます。なおこの件は、「行動データ×意識データの統合分析」というテーマで調査会社のクロス・マーケティング社とも共同で行っていく計画です。

　もうひとつ、この本で扱おうかどうか迷ったテーマがあります。それはブランド戦略です。

　ターゲット戦略・競争戦略と来れば、ブランド戦略が来るのがマーケティング戦略です。
　エンゲージメントマーケティングとは、見方を変えれば、「ブランド戦略で言うところの『理想の顧客像』に長い期間かけて客を育成していくこと」とも言えます。従来のような商品開発・マスメディア広告・広報・社員一人ひとりの行動規範・リスクマネジメント等を通したブランド戦略ではなく、エンゲージメントマーケティングを通したブランド戦略です。

　従来のブランド戦略と異なるのは、対象となる相手が「匿名の人の集合」ではなく、「実名（時に匿名クッキー）のID化された個人」だということです。ブランド戦略の対象者は名前・連絡先に加えさまざまな属性データ・行動データ・心理データがIDごとに統合されて、顧客データベースに格納されていることが必須となります。
　ここでポイントとなるのが心理データ、すなわちパーセプションデータです。なぜなら、ブランドとは企業が保有するのではなく、客の頭の中（心理）に醸成されるものだからです。「ブランド戦略の成果は行動ではなく心理で現れる」のが基本です。
　従って、エンゲージメントマーケティングによるブランド戦略を立案

する際に必要不可欠になるのが、行程ごとに心理（パーセプション）の変化をしっかり計測することです。

つまり、「潜在顧客⇒ウェブサイト訪問者（クッキー）⇒個人情報取得できた見込顧客⇒買う気になった見込顧客（ホットリード）⇒商談中の見込顧客⇒初回契約獲得に成功した顧客⇒継続顧客⇒ロイヤル顧客・アンバサダー」のそれぞれの行程で目指したブランド・パーセプションがどの程度醸成できているのか、把握できなければならないのです。

ロイヤル顧客・アンバサダーとなった「理想の顧客像」の抱くブランド・パーセプション（複数）をゴールとした時、ウェブサイト来訪までに達成しなければならないパーセプションは何で、どのレベルまで達成しなければならないのか、個人情報を提供してリードになるまでに達成しなければならないのは何でどのレベルなのか。

ホットリードになるには、顧客になるには、継続顧客になるにはそれぞれどのブランド・パーセプションが重点課題で、どのレベルにまで達しなければならないのか、それらの目標数値が達成できてない行程があればそこがブランド戦略上の重点課題行程となります。

「現時点においてリードジェネレーションで重点的に解決しなければならないブランド課題は○○だが、リードナーチャリングからは重点課題は○○から□□に推移する」といった設計をしなければならないということです。

この本では、行程固有のパーセプション課題について説明しましたが、行程共通のパーセプション課題もあるはずであり、それがエンゲージメントマーケティングにおけるブランド戦略上のパーセプション課題となります。

当然このブランド戦略立案、もしくはPDCA実行のためには、前述の

パーセプション調査、「行動データ×意識データの統合分析」が重要なのです。これに関する知見が十分に獲得できているとは言えないので、本書で扱うことは断念しました。

　しかし、諦めたわけではありませんので、ご興味ある方はぜひご一報ください。一緒に考えましょう。

　締めとして、本書の意図について改めて確認させてください。
「施策から始める」「ツールから始める」ではなく、「戦略から始める」意義です。

　伝統的マスマーケティングの世界にも、今日のデジタルマーケティングの世界と同じく、多くの独自のスキル・ノウハウを持った専門家がいました。調査・分析に長けたリサーチャー、アナリスト、ブランド戦略プランナー、商品開発の得意なプランナー、広告の企画・制作を行うCMプランナー、コピーライター、デザイナー、販促施策の企画・実行を行うプロモーションプランナー、販促キャンペーンプランナー、イベントプランナー、販促ツール制作者、PRの得意なプランナーなどなど、枚挙にいとまがありません。

　彼らは皆プロフェッショナルですが、専門性に特化するあまり、ともすると部分最適思考に陥ります。自身の領域以外の話になると「私には関係ない」「よくわからない」となり、自身のわかる狭い視野でしか考えようとしなくなることがあります。

　もちろん、そのように特化した専門家も必要ですが、一方で全体を鳥瞰し、大雑把ではあっても全体の設計図を描ける人も必要なのです。その役割を演じる人が存在すれば、大掛かりで複雑多岐にわたる施策が混在していても上手く回っていきます。企業のCMOやブランドマネジャーでも構いませんし、広告代理店やマーケティングコンサルタントのよ

うな外部専門家の誰かでも構いません。

　特にエンゲージメントマーケティングは伝統的マスマーケティングと違って、一人ひとりの客と長期間関係を継続させるマーケティングです。「どんな客と出会い、どう関係を深め、最終的にどんな客になって欲しいのか」を長期的視野で見通すことが不可欠です。

　自分の担当施策・担当行程・担当KPIだけでなく、その前後の行程を含めて、客との関係のあり方に対する腰の据わった定見を持っていなければならないのです。私がここで述べている「戦略から始める」の意図はここにあります。

　戦略などという大それたタイトルにすることにためらいはありましたが、他にタイトルが思いつかなかったので恐れ多くも使ってみました。少しでもご理解いただき、実務に生かしていただけたら幸いです。

　最後に、本書執筆に協力、もしくは大いにインスピレーションを与えてくれた次の方々に心から感謝の気持ちを述べさせていただきます。

　大伸社ディライトの皆様、福田康隆ジャパン・クラウド・コンサルティング代表取締役社長（元マルケト社長）、イノーバ宗像淳社長、中野製薬中野孝哉社長ほか皆様、ジャパン・ビルド大村利彦社長ほか皆様、インフォナレッジ鳥羽悠史社長、東京ガス デジタルイノベーション戦略部の皆様、PVHジャパン CRM＆カスタマージャーニー ディレクター宮垣香さん、Out Systemsジャパン シニアカスタマーサクセスマネージャ（元マルケト）中西由紀さん、クロス・マーケティング芹澤優樹執行役員、中村勝利さん、福島県県庁観光交流課、および福島県各観光協会若手リーダーの皆様、ありがとうございました。

参考文献

『ザ・モデル』福田康隆（翔泳社）

『カスタマーサクセスとは何か』弘子ラザヴィ（英治出版）

『サブスクリプション・マーケティング』アン・H・ジャンザー（英治出版）

『商品を売るな ── コンテンツマーケティングで「見つけてもらう」仕組みを作る』宗像淳（日経 BP 社）

『売上につながる「顧客ロイヤリティー戦略」入門』遠藤直紀、武井由紀子（日本実業出版社）

『顧客ロイヤリティー戦略：ケースブック』内田和成、余田拓郎、黒岩健一郎（同文館出版）

『CRM2.0』波岡寛（宣伝会議）

『実践 CRM 進化する顧客関係性マネジメント』木村達也（生産性出版）

『ファンベース』佐藤尚之（ちくま新書）

『アンバサダー・マーケティング』ロブ・フュジェッタ（日経 BP 社）

『コミュニティマーケティング』小島英揮（日本実業出版社）

『数字指向のマーケティング』丸井達郎（翔泳社）

『口コミ伝染病』神田昌典（フォレスト出版）

【著者略歴】

小川共和（おがわ・ともかず）

マーケティングコンサルティングの小川事務所代表。札幌市出身。東京大学文学部仏文科卒業後、電通に入社。本社マーケティング・ソリューション局次長、電通イーマーケティングワン（現電通デジタル）専務取締役を経て小川事務所を設立。これまで株式会社マルケト（現アドビシステムズ）、株式会社ロックオン（現イルグラム）、東京ガス株式会社、日本電気株式会社（NEC）、株式会社ニジボックス、株式会社oriconME、ジャパン・ビルド株式会社などの顧問や、青山学院大学ビジネススクール非常勤講師（マーケティング・コミュニケーション講座）などを歴任。現在、福島県庁観光交流局および株式会社大伸社ディライトの顧問を務める。その他、製薬会社、製造機器メーカー、個別指導塾、レストラン・ビューティーサロン予約サイト等のコンサルティング業務を実施。
著書に『マーケティングオートメーションに落とせるカスタマージャーニーの書き方』『マーケティングオートメーションでおもてなし～ ITがマーケティングにしてくれること』（クロスメディア・マーケティング）がある。

戦略から始めるエンゲージメントマーケティング

2020年11月 1日　初版発行

発　行　**株式会社クロスメディア・パブリッシング**

発 行 者　小早川 幸一郎

〒151-0051　東京都渋谷区千駄ヶ谷 4-20-3 東栄神宮外苑ビル
https://www.cm-publishing.co.jp

■ 本の内容に関するお問い合わせ先 ………………… TEL (03)5413-3140 / FAX (03)5413-3141

発　売　**株式会社インプレス**

〒101-0051　東京都千代田区神田神保町一丁目105番地

■ 乱丁本・落丁本などのお問い合わせ先 ……………… TEL (03)6837-5016 / FAX (03)6837-5023
service@impress.co.jp

（受付時間 10:00 ～ 12:00、13:00 ～ 17:00　土日・祝日を除く）
※古書店で購入されたものについてはお取り替えできません

■ 書店／販売店のご注文窓口
株式会社インプレス 受注センター ………………………… TEL (048)449-8040 / FAX (048)449-8041
株式会社インプレス 出版営業部………………………………………… TEL (03)6837-4635

カバーデザイン　安賀裕子
本文デザイン・DTP　荒好見 (cmD)
図版　華本達哉 (aozora)
©Tomokazu Ogawa 2020 Printed in Japan

校正　小倉レイコ
印刷・製本　株式会社シナノ
ISBN 978-4-295-40471-2　C2034